BIBLIOTHÈQUE
DE PHILOSOPHIE CONTEMPORAINE

NOUVELLES ÉTUDES D'HISTOIRE

DE LA

PHILOSOPHIE

PAR

ÉMILE BOUTROUX

Membre de l'Académie française
et de l'Académie des Sciences morales et politiques

JULES LACHELIER — HENRI POINCARÉ
LÉON OLLÉ-LAPRUNE — F. EVELLIN
LA PHILOSOPHIE EN FRANCE DEPUIS 1867
LA PHILOSOPHIE DE FÉLIX RAVAISSON
LA PHILOSOPHIE DE CH. SECRÉTAN

PARIS
LIBRAIRIE FÉLIX ALCAN
108, BOULEVARD SAINT-GERMAIN, VIᵉ

NOUVELLES ÉTUDES D'HISTOIRE

DE LA

PHILOSOPHIE

NOUVELLES ÉTUDES D'HISTOIRE

DE LA

PHILOSOPHIE

PAR

ÉMILE BOUTROUX

Membre de l'Académie française
et de l'Académie des Sciences morales et politiques.

JULES LACHELIER. — HENRI POINCARÉ
LÉON OLLÉ-LAPRUNE. — F. EVELLIN
LA PHILOSOPHIE EN FRANCE DEPUIS 1867
LA PHILOSOPHIE DE FÉLIX RAVAISSON
LA PHILOSOPHIE DE CH. SECRÉTAN

PARIS
LIBRAIRIE FÉLIX ALCAN
108, BOULEVARD SAINT-GERMAIN, 108

—

1927

NOUVELLES ÉTUDES
D'HISTOIRE DE LA PHILOSOPHIE

JULES LACHELIER (1)

Il est peu d'hommes que l'on puisse sûrement connaître et apprécier d'après leurs seules publications. Celles-ci représentent les résultats de son travail que l'auteur a souhaité de communiquer au public : elles ne conservent pas nécessairement la trace de l'effort secret et des ambitions de sa pensée. Si cette remarque, assez souvent, se présente à l'esprit, il semble qu'elle s'applique tout particulièrement à Jules Lachelier. Ceux qui ne l'ont connu que par ses écrits imprimés ont peine à se faire une juste idée de ce qu'il fut pour ceux qui le connurent de près, de l'influence qu'il exerça, de la signification intime et profonde de ces écrits eux-mêmes,

L'œuvre de Lachelier, entendons-nous dire, est à coup sûr très distinguée, soigneusement écrite, longuement élaborée. Mais quelle concision austère, quelle sobriété voisine de la sécheresse, quelle parcimonie ! Comment se fait-il que cet octogénaire n'ait laissé que quelques pages ?

---

(1) *Revue de métaphysique et de Morale*, 1921.

Cette pensée devait être, au fond, plus critique que créatrice, plus scrupuleuse que spontanée.

Ainsi entendons-nous parfois juger de Lachelier. Or un tel jugement est presque l'opposé de la vérité. Lachelier était l'abondance, la facilité, la verve et la vivacité d'esprit en personne. Sa conversation était un jaillissement continu d'idées et d'images originales. Et il se plaisait à développer et mettre en valeur les thèses les plus contraires à ses idées propres. Sa correspondance est d'une richesse, d'une grâce, d'un naturel et d'une élégance qui provoquent à chaque pas l'admiration. On a retrouvé, dans les greniers de l'École Normale, parmi de vieux papiers jaunis que se disputaient les rats, une composition de Lachelier sur cette pensée de saint François de Sales : « Une bonne manière d'apprendre, c'est de lire ; une meilleure, c'est d'écouter ; la meilleure de toutes, c'est d'enseigner ». Ce morceau fut écrit en trois ou quatre heures. Il est très étendu, ne présente pas une rature. Les phrases s'y déroulent avec une ampleur simple, avec une aisance souveraine et impeccable, avec un charme naturel qui font songer à Platon et à Malebranche. L'idée que développe Lachelier est la suivante. La meilleure manière d'apprendre, c'est d'enseigner, parce que, pour essayer d'instruire les autres, il est nécessaire de se comprendre soi-même, et que, pour se comprendre véritablement, il faut obstinément chercher, approfondir, lutter avec les difficultés, c'est-à-dire déployer et accroître son activité intérieure. Penser, c'est faire effort pour saisir la vérité ; et celle-ci est insaisissable, car elle est infinie.

Jugé d'après ses seuls écrits, Lachelier a souvent été considéré comme une froide intelligence, étrangère aux mouvements de l'imagination et de la sensibilité. Rien de plus inexact. Non seulement sa pensée dispose, pour s'exprimer de façon pittoresque ou saisissante, d'une fantaisie aussi riche que primesautière, mais son cœur vibre des sentiments les plus forts et les plus tendres. Ses affections familiales, ses amitiés sont profondes et vives. Elles se trahissent par des manifestations d'une délicatesse exquise. Ce qui est vrai, c'est que, par l'effet d'une rare santé morale, s'il sent fortement, il se possède avec non moins de puissance. Et sa politesse supérieure, qui rappelle celle des grands esprits du XVIIe siècle, laisse peu soupçonner l'intensité de sa vie affective.

Enfin nous entendons parler de Lachelier comme d'un homme dont toute l'activité se serait dépensée en recherches métaphysiques ou en occupations professionnelles. Son extrême exactitude en toute matière fait volontiers supposer que l'obéissance scrupuleuse aux règles qui s'imposent à sa conscience constitue tout son idéal. Nous savons qu'il fut très religieux. D'autre part, nous le voyons se mouvoir dans le champ de la philosophie avec une indépendance et une hardiesse d'esprit singulières. Volontiers nous concluons que la religion, pour lui, se composait essentiellement d'observances intellectuelles et pratiques, par où l'ordre et la paix règnent dans la conscience, de même que, par le moyen de la logique, de justes et solides rapports s'établissent entre nos idées.

Or cette vue encore est tout à fait fausse. La religion,

pour Lachelier, ne se ramène nullement à l'observation passive d'un code. Elle consiste, au contraire, et essentiellement dans un effort intérieur, individuel et solitaire. Elle a pour fin de nous faire vivre d'une vie surnaturelle en nous unissant, de quelque manière, au principe même des choses. La vie de l'âme proprement dite, c'est-à-dire de la partie purement spirituelle de notre être, est, chez Lachelier, la source, toujours vive et féconde, de la vie intellectuelle et de la vie pratique.

Enfin ce serait une erreur de croire, sur la foi de ses livres, qu'il s'est peu intéressé à la vie extérieure et sociale, au mouvement des idées, à la politique. Il était parfaitement au courant des évènements et les appréciait avec une sagacité spirituelle qui n'excluait pas la force et parfois la rudesse. Il avait des idées précises sur la conduite des hommes. Il abhorrait la démocratie qui abandonne les individus à la nature brute de leurs appétits, de leurs passions, de leurs caprices. Il rêvait d'une sorte de démocratie aristocratique où seraient assurées, pour le bien de tous, la suprématie et l'autorité des meilleurs.

Lachelier ne fut pas simplement un écrivain, ou un penseur, ou un philosophe. Il fut vraiment un homme, jaloux de sa liberté, et l'exerçant avec autant d'indépendance que de droiture. Il fut une conscience, plus difficile pour elle-même que pour les autres, qui, dans ses discours et surtout dans ses écrits, ne révéla que celles de ses pensées qu'elle jugeait dignes d'être proposées aux méditations des hommes.

*
* *

C'est en 1864 que, par son entrée à l'Ecole Normale, Lachelier fut ... is à même d'exercer comme professeur une importante influence. Avant cette date, il s'était brillamment révélé, à l'agrégation des Lettres et à l'agrégation de Philosophie. Un juge très perspicace, Félix Ravaisson, avait hautement apprécié la vigueur et l'originalité de son esprit philosophique. Quand Lachelier parut à l'Ecole Normale, nul, parmi les élèves, n'avait d'opinion à son sujet. Il venait faire, en première année, le cours de philosophie. Ce cours était alors une terre entièrement connue. Dans tous les lycées de France, les éléments de la philosophie étaient enseignés d'une manière sensiblement identique. Le professeur de l'Ecole Normale déployait plus d'érudition et développait davantage les parties les plus abstraites, mais il ne modifiait ni les doctrines ni l'économie générale du cours. La philosophie était alors régentée par Victor Cousin. Celui-ci avait emprunté à l'Allemagne cette idée que, par une dialectique interne, l'histoire de la philosophie, dans son déroulement à travers le temps, avait peu à peu constitué la philosophie elle-même. L'œuvre de l'histoire, véritable puissance créatrice superposée à la nature, consistait à retenir et combiner tout ce que les systèmes des philosophes contenaient de viable et de conforme aux aspirations de l'esprit. Mais, tandis que Hegel avait conclu que le couronnement du long travail des siècles était l'hegelianisme, Victor Cousin avait composé cette philosophie définitive avec quelques formules empruntées ou attribuées, dans un esprit de conservatisme politique et social, à Reid, à Royer-Collard, à Descartes, à Maine de Biran, à Leibniz, à Platon. C'est cette philosophie, aux doctrines achevées et à la forme dogmatique, que les élèves de Lachelier s'attendaient à le voir développer. Quel ne fut pas leur étonnement lorsque débuta le nouveau maître de conférences ? Les titres des leçons étaient à peu près ceux des programmes officiels. Mais la manière de traiter les questions ne ressemblait guère à ce qu'ils avaient accoutumé d'entendre. Lachelier posait des problèmes. Il en mesurait les difficultés. Il réfléchissait, il cherchait, il avouait ne pouvoir se satisfaire. Il hésitait, il se reprenait, il s'arrêtait. Un jour il lui arriva de dire : « Je me suis aperçu que j'avais omis tel élément essentiel de la question. Je crois bien que ce que vous avez de mieux à faire, c'est d'oublier tout ce que je vous ai dit. » Rien de plus attachant, d'ailleurs, que la forme vive, familière, élégante, variée, parfois laborieuse en apparence, pour aboutir à de merveilleuses trouvailles d'expressions, qui distinguaient cet enseignement peu banal. C'étaient, à la sortie des conférences, des conversations sans fin, entre les élèves, sur le sens de telle théorie, sur telle remarque faite en passant, mais singulièrement suggestive, sur les coups redoutables que ce modeste chercheur portait aux doctrines reçues. Puis, à sa table de travail, on revoyait ses notes ; et l'on découvrait, non sans étonnement, que ces causeries si libres et spontanées étaient composées avec un soin extrême, et que la charpente en était aussi ferme que la forme en était vivante et naturelle.

Ces conférences ne passionnaient pas seulement les élèves qui se destinaient à la philosophie : elles faisaient impression sur tous. Les uns étaient séduits par les **rares** qualités de l'humaniste, les autres par l'originalité **du** penseur, tous par l'excitation féconde que l'on ressentait en assistant au travail intime de cet esprit. Le maître de conférences de philosophie, l'homme le moins soucieux de succès qu'il y eût au monde, devint tout de suite l'un de ceux dont les normaliens étaient le plus fiers.

Ce qui ressortait de son enseignement peut être ainsi défini : la philosophie n'est nullement une science **faite**, non pas même dans ses principes, d'autant que c'est l'étude des principes eux-mêmes qui est son objet propre. Ce **qui** existe, dès maintenant et de longue date, ce qui est susceptible d'une puissance toujours croissante et d'un continuel rajeunissement, c'est l'effort pour philosopher. **La** philosophie, selon son nom même, n'est pas la sagesse, mais l'amour de la sagesse. Comment procéder pour exercer cette noble activité ? La méthode la plus sûre et la plus féconde consiste à choisir, parmi les textes que nous a légués le passé, quelques-uns de ceux qui sont consacrés par l'estime des meilleurs esprits, et à s'efforcer de les comprendre profondément, de penser à son tour, sous leur influence. Il y a, dans le legs d'un Platon, d'un Aristote, d'un Descartes, d'un Leibniz ou d'un Kant, plus qu'un trésor d'observations et d'idées éprouvées : il y subsiste un principe éternel de vie intérieure et de création.

Ainsi la philosophie, dans les leçons de Lachelier, apparaissait, non plus comme une discipline scolaire, mais comme une tâche infinie, appelant les efforts d'esprits libres, enthousiastes, opiniâtres. Elle offrait ainsi, pour de jeunes et alertes intelligences, un intérêt sérieux et passionnant.

*_**

Il n'est pas étonnant que ceux qui ne connaissent Lachelier que par ses ouvrages se fassent non seulement de la valeur, mais de la signification même de ses doctrines, une idée imparfaite. L'esprit de Lachelier est d'une telle nature qu'il ne peut pas s'exprimer adéquatement par la parole écrite. Lui-même nous avertissait de l'impuissance du livre à révéler une pensée vraiment vivante. Il aimait à citer ce passage du *Phèdre* de Platon où Socrate dit qu'il en est de l'écriture comme de la peinture. Les productions de cet art semblent vivantes. Mais, si vous les interrogez sur ce qu'elles veulent dire, elles gardent gravement le silence : σεμνῶς πάνυ σιγᾷ. Si donc nous voulons nous faire une juste idée de sa philosophie, il nous faut tâcher de repenser par nous-mêmes sa pensée mouvante, de communier avec son esprit, avec cette âme toujours active et inquiète, sous la forme sculpturale derrière laquelle elle se cache.

Interpréter l'œuvre d'après la connaissance que l'on a de l'homme est une méthode souvent décevante ou même trompeuse, parfois légitime cependant, et même nécessaire. C'est, semble-t-il, la tâche qui s'impose à nous.

Lachelier philosopha d'abord sous la direction de Félix Ravaisson. Et, toute sa vie, il fut plein de reconnaissance et d'admiration pour ce profond penseur, ce prestigieux écrivain. Ayant, en 1856, entrepris une étude suivie des *Dialogues* de Platon, il voit dans le platonisme, à l'exemple de Ravaisson, une doctrine plus logique que véritablement métaphysique ; et il s'élève contre l'identification de l'être avec ses déterminations, telles que l'entendement les peut connaître. A se contenter, estime-t-il, des données fournies par l'entendement logique, on laisse échapper le spirituel proprement dit, l'être véritable : celui-ci réside, par delà ses déterminations, dans la puissance de se déterminer, dans la faculté créatrice, dans l'énergie. Cette idée directrice, chère à l'auteur de *la Métaphysique d'Aristote*, Lachelier la fait sienne avec conviction. Et ainsi ces deux philosophes, dont les relations furent toujours si intimes, avaient ensemble un large terrain commun.

D'importantes différences, toutefois, les distinguaient. Lachelier s'impose, en matière de démonstration, des méthodes beaucoup plus logiques et rigoureuses que celle où se complaît Ravaisson, pour qui la philosophie est proche parente de l'art. Tandis que Ravaisson s'appliquait à rapprocher toujours davantage la nature de l'esprit et l'esprit de la nature, Lachelier prit à tâche de les distinguer radicalement l'un de l'autre, établissant ainsi, sans nul compromis, la dépendance de celle-ci, la souveraineté de celui-là.

Parmi les doctrines du XIXe siècle, Lachelier étudia particulièrement celle de Maine de Biran et de Victor Cousin.

C'est au premier qu'à l'exemple de Ravaisson il s'attacha. Cependant il lui reproche d'avoir cru trouver, dans le phénomène de l'effort, une sorte d'unité initiale du vouloir et du sentir. L'esprit, qui participe de l'universel et possède la causalité, est un être radicalement distinct de toute sensation, de celle de l'effort comme de celles des couleurs ou des odeurs.

Lorsque Lachelier entra à l'Ecole Normale, en 1864, il y apportait une doctrine où se marquait, avec ses études antérieures, sa préoccupation dominante de dégager et garantir la réalité, l'originalité et l'indépendance de l'esprit. Au lieu de faire de la distinction purement logique des facultés la division essentielle de la philosophie, il chercha cette division dans la distinction, proprement métaphysique, de trois vies formant une hiérarchie : vie animale, vie humaine, vie spirituelle. Il s'appliqua à montrer que chacune de ces vies est pratiquement complète en elle-même et, en quelque sorte, indépendante ; que ces trois vies sont, en ce sens, expressément données ; et que la troisième elle-même, telle que peut la déterminer la philosophie, n'est peut être pas le terme de notre destinée.

Dans le même temps Lachelier étudia Kant, et tout de suite il prit un vif intérêt à ce travail. Il avait été choqué d'entendre répéter par les disciples de Victor Cousin que l'on ne démontre pas les principes ; que ceux-ci se connaissent par une intuition supérieure à toute démonstration ; et que mettre en question les principes c'était déchaîner le pire fléau de la pensée : le scepticisme. Il faut, déclare Lachelier, démontrer les principes ; sinon, ils ne sont que des préjugés, et, avec eux, toute notre science et toutes nos idées. La question est seulement de découvrir le mode de démonstration qui leur convient. Or, c'est précisément ce qu'à tenté Kant. Sa *Critique de la Raison pure* n'est autre chose que la démonstration des principes sur lesquels repose notre réconnaissance de la nature. Elle explique pourquoi et en quel sens nous devons admettre que ce monde est, et que les phénomènes en sont régis par des lois.

Ce n'est pas tout, Il semble bien, estime Lachelier, que Kant ait exactement déterminé le point de départ nécessaire de cette démonstration. Lachelier médita longuement sur ce point de départ. Longtemps devant lui, sur sa table de travail, la *Critique de la Raison pure* resta ouverte à la page où l'on lit cette phrase : *Das « Ich denke » muss alle meinen Vorstellungen begleiten konnen* : « Il faut nécessairement que le *je pense* puisse accompagner toutes mes représentations : autrement, celles-ci ne seraient pas pour moi. » Quelles sont les conditions de ce *je pense*, en tant que lui-même conditionne, et notre connaissance de nous-mêmes, et notre connaissance des choses : tel est le problème auquel Lachelier se donna tout entier. Il s'inspirait de l'exemple de Kant, mais il restait lui-même, et, comme Descartes, ne croyait qu'à l'évidence de la raison.

De ces méditations résulta la thèse fameuse : *Du Fondement de l'Induction* (1871).

Lachelier se demande s'il est possible d'établir que le monde qui apparaît à nos sens existe véritablement. Et comme, dans la nature de ce monde, il discerne deux éléments essentiels : quantité et qualité, uniformité et individualité, il recherche les raisons que nous pouvons avoir d'attribuer à ces deux éléments une réalité véritable.

Il commence par écarter les deux méthodes, opposées entre elles, qui, communément, se disputent l'adhésion des philosophes : la méthode empirique et la méthode rationnelle transcendante. L'empirisme ne peut établir de véritables lois, invariables et nécessaires. Le rationalisme abstrait nous donne, sous le nom de substance, un être qui nous est étranger, et qui, pour nous, n'est pas. Seule la méthode critique de Kant a chance de réussir. Le monde existe, si son existence est nécessaire pour que notre pensée soit possible. Et il possède nécessairement les manières d'être qu'exige, pour s'exercer, notre pensée.

La pensée veut l'unité. Il faut donc que le monde soit un. Il sera tel, en dépit de la multiplicité infinie de ses phénomènes, si tous ces phénomènes sont liés entre eux d'une manière nécessaire et forment un tout continu ; en d'autres termes, s'ils sont soumis à un absolu déterminisme. Et, à son tour, un absolu déterminisme n'est concevable que dans un monde où tout est mouvement et n'est que mouvement. Le mécanisme universel, condition du déterminisme : telle est nécessairement la manière d'être de notre monde. Mais ces deux notions sont précisément celles qui constituent ce qu'on appelle le principe des causes efficientes. Donc ce principe est légitime et garanti, du moins au sens précis que lui assigne la présente déduction.

Le principe des causes efficientes satisfait-il, à lui seul, aux exigences de la pensée ?

La pensée veut se saisir, non seulement comme possible, mais comme réelle. Et, comme elle ne fait qu'un avec son action, elle se connaîtra en tant que réelle, si le monde qu'elle ordonne et en qui elle se découvre satisfait lui-même aux conditions d'une réalité pensée. Or, en serait-il ainsi d'un monde où ne régnerait d'autre loi que celle des causes efficientes ?

Le phénomène A, en tant qu'il est expliqué par le phénomène B suivant le principe des causes efficientes, n'est expliqué que conditionnellement. Il se produira nécessairement, si B se produit. Il en est de même de B par rapport à un autre phénomène C, et ainsi à l'infini. En réalité, rien n'est posé catégoriquement comme existant. Le monde mécanique, nécessaire à la pensée, ne lui suffit pas. Il faut à celle-ci des objets effectivement donnés, c'est-à-dire possédant un contenu, une nature intrinsèque, une individualité, par où ils se posent comme sujets.

Pour que le monde soit ainsi constitué, il faut que ce qu'on appelle qualité ne se résolve pas en quantité, comme un nombre se résout en ses unités, mais recèle quelque chose de véritablement irréductible. Il faut, en d'autres termes, que les individus soient non des assemblages d'attributs et de généralités, mais proprement des substances. Il faut enfin, puisque c'est l'unité que doit penser la pensée pour se penser elle-même, que le monde des individus, composés de sujets, forme lui-même, dans son ensemble, un sujet unique.

Ces conditions seront remplies si, dans la nature, les séries linéaires de mouvements s'ordonnent, non seulement en assemblages, mais en systèmes, de telles sorte que le terme A, qui ne sera posé que si B est posé, pose lui-même ce terme B. Il faut qu'il existe des ensembles dont les parties se conditionnent mutuellement et, dès lors, se réalisent simultanément. Ce mode de détermination est concevable si des idées interviennent, à l'appel desquelles les phénomènes s'organisent en touts harmonieux. Ces touts à leur tour, sous l'influence d'idées supérieures, peuvent devenir les membres d'organismes de plus en plus vastes, s'ordonnant, en définitive, dans un organisme immense et unique.

Une telle direction, imprimée aux phénomènes, est ce qu'on appelle la loi des causes finales. La pensée exige donc, pour devenir effectivement elle-même, que dans le monde règne la finalité, non moins que le mécanisme. L'harmonie leibnizienne n'y est pas moins nécessaire que le mécanisme cartésien.

Mais la nécessité est-elle, dans les deux cas, de même nature ? Par quel genre d'opération la pensée superpose-t-elle la finalité au mécanisme. ?

Certes, le mécanisme ne suffit pas à la pensée et doit être complété par la finalité. Mais le mécanisme ne peut nullement engendrer la finalité. Il n'en contient pas les conditions. C'est donc en vertu d'une nécessité qu'elle-même institue sans y être forcée, c'est par un acte de volonté, non de connaissance, que sa pensée superpose l'unité concrète à l'unité abstraite, la condi-

tion de l'être proprement dit à celle du simple pos·
sible.

Cette superposition est-elle concevable sans contradiction ? Ne semble-t-il pas qu'elle soit exclue *a priori* par le
caractère absolu du mécanisme mathématique ?

Il en serait ainsi, sans nul doute, si, dans la réalité ainsi
que dans l'ordre de notre connaissance, le possible venait
avant le réel. Mais une telle hypothèse est absurde. Le
réel est, dans l'ordre de l'être, antérieur au possible. Et
ainsi, c'est l'individualité, la qualité, l'harmonie, la beauté
qui est véritablement : le mouvement dans l'espace, l'enchaînement géométriquement nécessaire n'est qu'un symbole et une traduction infiniment simplifiée de la variété
effective et de l'harmonie interne des êtres. Le monde de
la finalité n'est pas un développement du monde du mouvement. C'est un monde radicalement distinct, produit
par un acte original de la pensée. Le mécanisme ne peut,
en aucune façon, rendre compte de la finalité. Au contraire, on conçoit que ce qui est, en réalité, vie, harmonie,
finalité, apparaisse comme un mécanisme à une pensée
qui projette son objet dans l'espace et dans le temps.

En parvenant ainsi à se poser comme réelle, la pensée
satisfait-elle toutes les ambitions qu'elle porte en soi ?

C'est, avons-nous dit, par un acte contingent de volonté
qu'elle ajoute la finalité au mécanisme. Cet acte épuise-t-
·il la puissance de l'esprit ? La contingence, qui le caractérise, est-elle la forme parfaite de l'action ? La morale,
la religion ne nous suggèrent-elles pas l'idée d'activités
plus hautes encore ? N'y a-t-il rien de plus que la vie et

l'harmonie dans ce qu'on désigne par les mots de liberté, de pur esprit, de perfection, de Dieu ?

Questions auxquelles une pensée qui essaie d'aller au fond d'elle-même ne peut se soustraire, mais dont la solution dépasse peut-être les forces, non seulement de la nature, mais de la pensée elle-même.

****

En même temps que sa thèse sur le fondement de l'Induction, Lachelier présenta pour le Doctorat une thèse *De natura syllogismi*. Et, depuis lors, il publia plusieurs études sur le Syllogisme. Ce ne sont pas là des hors-d'œuvre. De bonne heure il était intéressé à la question de l'essence du raisonnement. En 1858, professeur au lycée de Caen, il songeait à composer une thèse française sur la différence-fondamentale des rapports que considère le mathématicien et de ceux qui sont l'objet du syllogisme qualitatif ou syllogisme proprement dit. La distinction profonde entre la qualité et la quantité, entre les individus et les généralités, où le conduisaient ses réflexions sur l'être, la détermination d'un principe spécial pour la qualité, à laquelle aboutissait sa thèse sur le *Fondement de l'Induction*, ne pouvaient manquer d'avoir un retentissement sur ses spéculations logiques. La série des phénomènes mécaniques et les actions réciproques des individus constituaient deux mondes hétérogènes : il était naturel qu'aux raisonnements relatifs à ces deux formes de l'être

résidassent deux systèmes de logique irréductibles : la
ogique de la quantité et la logique de la qualité.

C'est là, en effet, selon Lachelier, ce que l'on constate
orsque l'on compare le mode de raisonner du mathéma-
icien et celui d'une pensée occupée de réalités concrètes.
t cette constatation même est une confirmation de la
héorie métaphysique.

Considérez la logique syllogistique : elle a pour matière
es propositions, c'est-à-dire des énonciations où une qua-
té est affirmée ou niée d'un sujet. Or l'affirmation et la
égation sont précisément le double rapport que compor-
ent les termes qualitatifs. Le syllogisme démontre la
'érité ou la fausseté des jugements qui énoncent de tels
apports. Lachelier s'est demandé, avec sa finesse et son
ouci de rigueur, si les diverses figures du syllogisme re-
osaient, comme on l'enseigne communément, sur un
eul et même principe, et si ce principe s'exprimait exac-
ement par cette formule, d'aspect plutôt quantitatif :
ictum de omni et nullo. Il trouva que les trois figures re-
osaient sur trois principes réellement distincts : l'impli-
ation nécessaire d'un terme par un autre terme, leur ex-
lusion mutuelle, leur rencontre possible. Or nécessité,
possibilité, possibilité de la coexistence sont précisé-
ent les trois relations, irréductibles entre elles, que com-
ortent les qualités. On n'a jamais pu établir l'existence
'une quatrième figure du syllogisme : c'est qu'à ces trois
elations on ne conçoit pas qu'il en puisse être ajouté une
uatrième.

La logique syllogistique est précisément celle que requiert la combinaison des propositions qualitatives ou d'inhérence. Si la qualité est vraiment hétérogène à l'égard de la quantité, la science de cette dernière doit être régie par une logique radicalement différente de celle de la qualité : le raisonnement mathématique doit être irréductible au syllogisme. Or c'est précisément ce qui a lieu. Comparant entre eux les éléments et les procédés de la démonstration mathématique et ceux du syllogisme, Lachelier aperçoit, entre les uns et les autres, des différences essentielles. Dans le syllogisme, nous avons affaire à des propositions d'inhérence, caractérisées par la présence d'un véritable sujet et d'un véritable attribut. En mathématiques, on n'opère pas sur de véritables propositions. Ce qui en tient lieu consiste dans l'énonciation d'un rapport quantitatif entre deux termes qui sont exactement de la même nature l'un que l'autre. Et la démonstration se fait par l'intercalation d'un troisième terme, qui est de même nature que les deux autres. Nulle autre opération qu'une mesure de quantités, montrant que celles-ci sont égales ou inégales à celles-là et, comme telles, peuvent ou ne peuvent pas leur être substituées. En vain croit-on parfois réduire un raisonnement mathématique en syllogisme. Non seulement on guinde, par cet artifice, le langage du mathématicien, mais on n'obtient, en fait, qu'un pseudo-syllogisme. Dire : A et B sont égaux entre eux n'est pas mettre sur pied une proposition. Car ce qu'on prend pour un attribut n'est pas analogue au terme : *homme*, ou au terme : *mortel*, qui sont des attributs véritables. Ce prétendu attribut n'est qu'une manière moins directe de dire : A = B, c'est-à-dire : *ceci = cela*. Rien ici qui res-semble à un terme général.

Il est d'ailleurs à remarquer que cette logique mathéma-tique, que l'on peut appeler logique de la relation, par opposition à la logique de l'inhérence, trouve sa place dans le monde des qualités lui-même lorsqu'un terme concret est considéré directement dans son rapport avec un autre terme concret. Exemple : Pierre est fils de Paul, donc Paul est père de Pierre. La logique des relations est donc sus-ceptible d'un emploi très étendu. Mais elle ne saurait ab-sorber la logique de l'inhérence. Il y a un hiatus entre la relation pure et simple, essentiellement hypothétique, et le monde de l'être effectivement donné, entre le possible et le réel.

*
* *

La pensée de Lachelier était constamment en mouve-ment. Un jour il corrigeait une composition du concours général dont le sujet, alors très actuel, était cette ques-tion : la psychologie peut-elle devenir une science stricte-ment positive, c'est-à-dire indépendante de toute méta-physique ? Discutant cette doctrine avec ses collègues, Lachelier concluait : Ne serait-il pas plus juste de dire que la vraie psychologie, c'est précisément la métaphy-sique ?

Il n'est pas surprenant que Lachelier ait émis cette opinion. Car il s'était constamment appliqué, et à dis-

tinguer radicalement le moi de ses sensations, et à éli
miner toute entité dite substantielle que l'on chercherait
à poser en dehors du moi. Peu de temps après en mai
1885, il faisait paraître dans la *Revue philosophique* un article intitulé *Psychologie et Métaphysique*, qui, tout de
suite, est devenu, ainsi que la thèse sur l'Induction, un
monument classique de notre littérature philosophique.

Lachelier, dans sa thèse, avait exposé que, pour que la
pensée puisse s'exercer et se considérer comme réelle, il
faut que le monde, qui est son objet, soit régi par telle et
telle loi. L'existence de la pensée était-elle suffisamment
garantie par cette démonstration ? Exister d'une façon
absolue, c'est produire, c'est créer. Or, supposons, comme
il est en somme, possible de le faire, que le monde possède
par lui-même, de toute éternité, les qualités qu'y cherche
la pensée. La pensée, en le pensant, pourra se penser elle-
même. Mais comment se prouvera-t-elle à elle-même
qu'elle ne revêt pas, simplement, une existence d'em-
prunt ? Comment s'assurera-t-elle qu'elle n'est pas, à
l'égard des choses, un simple épiphénomène ? La pensée
est véritablement, aimait à dire Lachelier, si elle engendre elle-même ses objets par une opération toute synthétique. Que si sa méthode de saisir les choses est simplement analytique, elle est passive. elle est secondaire, elle
n'a qu'une ombre d'existence. Analyse ou synthèse :
toute la question est là. C'est le *to be or not to be* de la pensée. Nous ne saurions éluder ce problème. Il nous faut,
bon gré mal gré, reprendre, dans toute son ampleur, la
tâche de la déduction transcendantale, et nous demander

si la pensée trouve devant elle ou tire d'elle-même les conditions de sa réalisation.

La pensée est-elle un être ? Certains psychologues le
nient, par cette raison que, selon la philosophie moderne,
toute science digne de ce nom part des faits et les analyse, et que l'analyse des faits psychologiques résout
ceux-ci, en tant qu'ils sont objets de science, en faits physiologiques ou physiques. Lachelier reprend l'examen des
données de la psychologie, et trouve que les phénomènes
en général, tant physiques que psychiques, ne sont possibles que par la pensée. L'étendue, propriété essentielle
des faits physiques, implique la continuité. Mais la continuité ne se conçoit que comme l'action continue d'une
conscience, qui pose d'abord un tout un, et qui, ensuite,
parcourt ce tout d'un mouvement continu. Cette action,
en s'interrompant, peut déterminer des parties ; mais un
assemblage de parties, subsistant par soi indépendamment de la conscience, ne pourrait former une grandeur
continue. Etendue signifie perception d'étendue, c'est-à-
dire conscience.

Nous n'avons encore considéré que la notion de l'étendue. Si maintenant nous nous demandons comment nous
ouvons être en droit de tenir l'étendue, non seulement
our une chose intelligible, mais pour une chose existante,
ous trouvons qu'il faut, pour que cette prétention soit
atisfaite, que nous nous distinguions nous-mêmes, en
nt que sujets, de l'étendue, aperçue comme objet. Or
'est ce qui a lieu dans l'état de conscience appelé sensation.
a sensation a deux faces : une qualité sensible et une

affection. L'affection, agréable ou désagréable, c'est nous-mêmes, tandis que la qualité sensible, c'est la chose extérieure.

Enfin l'affection elle-même ne se suffit pas. Si elle est agréable ou désagréable, c'est qu'elle traduit la satisfaction donnée ou le heurt infligé à une tendance. Comme la perception suppose l'affection, ainsi l'affection suppose ce que nous appelons la volonté, ce que, plus précisément, il convient d'appeler la volonté de vivre.

En résumé, les phénomènes psychologiques ne peuvent être intelligibles et réels que s'il existe une conscience sensible, dont ils sont l'œuvre et la projection, loin que cette conscience puisse s'expliquer par eux.

La représentation du monde suppose une conscience sensible. Parvenue à ce degré, la dialectique est-elle au terme de sa course ?

L'existence que la conscience sensible confère à la nature demeure relative, car elle n'a pas de principe en elle-même. Si cette existence doit devenir véritablement substantielle, il faut qu'elle ait un fondement propre, assurant au monde des lois intrinsèques et absolues. Or cette dernière condition sera réalisée si les phénomènes du monde sont liés entre eux suivants des rapports nécessaires. Quand je dis : ceci est, je veux dire : ceci ne pouvait pas ne pas être, ceci est vrai. Existence, en dernière analyse, c'est vérité. Tout ce qui a été, est, ou sera a pu être ou peut être infailliblement prédit.

Mais qu'est-ce que cette possibilité de prédiction, sinon la marque de l'ordre créé dans le monde par une conscience non plus sensible, mais proprement intellectuelle, par la pensée en soi, par la pensée pure ? Cette proposition : le monde existe, signifie : le monde, pensée qui ne se pense pas, est suspendu à une pensée qui se pense.

L'existence absolue de la pensée est-elle enfin, par là, définitivement garantie ? Pas encore. Nous avons démontré que, si le monde existe, la pensée est une réalité, car d'elle seule le monde peut tenir son existence. Mais précisément parce qu'il ne peut exister que par la pensée, le monde ne peut fournir la garantie de l'existence de la pensée. Le monde existe-t-il ? En vain lui posons-nous cette question : σεμνῶς πάνυ σιγᾷ. L'existence absolue ne peut se démontrer que directement, à savoir par la découverte de l'opération au moyen de laquelle la pensée se pose elle-même et se donne ses principes d'action.

C'est ici la démarche suprême, dont toutes les autres n'étaient que la préparation. A une recherche analytique et régressive doit nécessairement succéder un travail progressif et synthétique. La psychologie ne peut s'achever qu'en une métaphysique.

Les célèbres vers de Gœthe, légèrement modifiés, s'appliquent en perfection à Lachelier :

> *Das Streben meines ganzen Lebens*
> *Ist grade das, was ich jetzt wage.*

« L'effort de toute ma vie, c'est précisément ce que je vais tenter. »

En fait, Lachelier n'a écrit, sur ce sujet, que quelques pages. Mais à cet opuscule s'applique excellemment le mot d'Aristote : « Petit quant à l'étendue, mais combien grand par la valeur et l'importance » : ὄγκῳ μικρὸν, δυνάμει καὶ τιμιότητι πολὺ ἄλλον ὑπερέχει πάντων.

Comment se produit et se réalise, par création pure et sans nul antécédent, l'idée de l'être ou de la vérité : tel est le problème.

L'idée d'être ou de vérité se pose nécessairement elle-même. Car dire qu'elle n'est pas, c'est dire qu'il est vrai qu'elle n'est pas, c'est donc l'affirmer alors qu'on prétend la nier. Elle s'affirme elle-même nécessairement et renouvelle son affirmation chaque fois que celle-ci est contredite. Ainsi elle se dédouble, elle se multiplie en s'interrogeant elle-même, et cela indéfiniment.

De là l'invention de ce symbole : le temps, où l'instant, toujours semblable à lui-même, se précède lui-même à l'infini. Et de là l'invention de la première dimension de l'étendue, la longueur, où chaque partie suppose avant elle, à l'infini, une partie semblable.

Or, au contact de ce double symbole, l'idée d'être se transforme d'une façon remarquable. Primitivement, elle n'était que nécessité logique : elle devient détermination nécessaire de l'homogène par l'homogène, c'est-à-dire nécessité mécanique, causalité.

L'œuvre de création s'arrêtera-t-elle là ? Rien ne contraint la pensée à pousser plus avant la réalisation de l'être. Mais elle le peut, par un acte de volonté. La nécessité mécanique n'épuise pas l'idée d'être ou de vérité. Elle ne représente qu'un être abstrait ou possible. La pensée tend par elle-même à dépasser la sphère de l'abstraction. Elle crée donc une réalité, non plus seulement extensive, mais intensive : la sensation, que constitue une diversité solidaire et simultanée. Et, comme symbole de cette existence concrète, elle ajoute à la première dimension de l'étendue la seconde : la largeur ; et elle compose la surface après la ligne.

Au contact de ces nouveaux éléments de la conscience, l'idée de l'être réagit et devient, non plus seulement nécessité mécanique et causalité, mais volonté de vivre et finalité.

Enfin, par une troisième opération, où ne l'incite même plus la sollicitation d'une tendance, mais qui est de tout point spontanée, la pensée entreprend de produire la réalisation adéquate de l'idée de l'être. Or ce terme, elle ne le saurait atteindre qu'en appliquant son activité, non plus à des possibilités abstraites, non pas même à une nature vivante et sentante, mais elle-même, comme à la source et à la mesure suprême de l'être. Ainsi surgit, au-dessus de la nécessité et de la finalité, la liberté.

Cette dernière opération suscite, comme les précédentes, son symbole matériel. Celui-ci n'est autre que la troisième dimension de l'étendue, la profondeur, d'où résulte le corps solide, mobile d'avant en arrière comme de droite à gauche, et doué par là d'un simulacre d'indépendance.

L'œuvre de synthèse s'achève ici. Il n'y a pas plus de quatrième idée de l'être qu'il n'y a de quatrième dimension de l'étendue.

**

Toute cette philosophie paraît exclusivement spéculative, et il pourrait sembler, d'après ses écrits, que Lachelier, comme philosophe, s'est médiocrement intéressé à l'activité pratique. En réalité, il ne séparait pas, dans sa pensée, la théorie et la pratique, les principes et leur réalisation. Des trois formes de la vie de l'esprit qu'il distingue: vie scientifique, vie esthétique, vie morale, les deux dernières sont l'objet constant de son observation aiguë et libre de préjugés, de sa réflexion toujours tendue vers l'idée d'une perfection supérieure.

Son idée directrice, présente dans toute sa philosophie, c'est qu'entre ces trois vies il y a solution de continuité. C'est par une création toute spontanée et contingente que l'esprit superpose à la première, la deuxième, et, à celle-ci, la troisième. Chacune d'elles a ainsi son originalité absolue et ses lois propres de développement.

L'art ajoute à l'existence matérielle, qu'engendrent les forces mécaniques, une forme totalement inutile à cette existence : l'individualité et l'harmonie des individus entre eux. Un arbre au point de vue esthétique, c'est un être doué d'une âme, faisant effort pour réaliser pleinement sa fin, qui est l'idée de l'arbre parfait, capable d'inspirer de la sympathie aux autres vivants et, en quelque mesure, d'en ressentir lui-même. L'amour se réjouit de voir l'objet qu'il chérit atteindre à sa fin et à sa félicité propre.

Dans ce sens se poursuivaient les méditations de Lachelier sur l'art de la nature et sur l'art humain, et elles étaient infiniment variées et délicates. La moralité le préoccupait davantage encore.

La morale répond, dans la pratique, à la plus haute affirmation théorique de la pensée : celle de la liberté, comme source première de toute existence. C'est en se détachant du monde donné et en s'efforçant de se penser elle-même que la pensée est conduite à concevoir cette forme suprême de l'être. Ainsi ce n'est pas par un développement continu, c'est, au contraire, par un renoncement à soi-même que le moi qui appartient à la nature pourra se transformer en ce moi spirituel, parent du moi divin, dont il porte en lui l'idée confuse. Certes, une voix secrète nous avertit que nous sommes faits pour l'universel et l'éternel. Notre raison même n'est autre chose que l'effort pour penser le monde dans son rapport à l'être véritable. Mais entre la vie de l'esprit pur et notre vie naturelle, il y a une absolue solution de continuité. Une sorte de miracle est nécessaire pour nous faire affranchir cet infini.

Qu'est-ce à dire ? La raison nous impose un devoir et nous dit, dans une certaine mesure, en quoi ce devoir consiste. Mais, en même temps, elle nous démontre que, par nous-mêmes, nous sommes incapables de l'accomplir. Il est, en effet, logiquement inconcevable, il est contradictoire qu'un être se nie et se supprime lui-même.

D'ailleurs, si notre raison trace le cadre de cette vie transcendante, elle ne réussit pas en à décrire le contenu. A cet égard encore, il faut que l'homme, se détachant des choses et de la société humaine elle-même, s'isolant et sondant les profondeurs de sa conscience, s'efforce à percevoir et atteindre, par delà toute sa science, une lumière et une force véritablement surnaturelles. Ainsi seulement il pourra se représenter et vivre la vie parfaite à laquelle il se sent destiné.

Qu'est-ce à dire, sinon que la vocation de l'homme est de vivre en Dieu et par Dieu ? La philosophie le conduit à l'idée de Dieu ; mais elle ne peut lui faire franchir l'abîme qui sépare l'idée de Dieu de sa réalité. Un raisonnement classique, le célèbre argument dit ontologique, prétend, il est vrai, opérer ce passage par les seules forces de la raison. Vaine tentative ! L'argument de saint Anselme n'est qu'un sophisme s'il n'enveloppe une démarche tout autre qu'un simple raisonnement, à savoir le pari de Pascal : le pari, expression humaine et comme symbolique de l'acte de foi : καλὸς κίνδυνος.

Toute philosophie reste abstraite et formelle, simple aspiration ou folle exigence de la pensée, qui ne s'achève que dans la religion. C'est en Dieu et en lui seul que se trouve, dans sa réalité et dans sa plénitude, l'être, le mouvement et la vie. Nous ne pouvons cesser de nous vouloir nous-mêmes que si Dieu condescend à se vouloir en nous.

Das Unzulængliche
Hier wird's Ereignis ;
Das Unbeschreibliche
Hier ist's getan.

« Ici l'inaccessible est atteint ;
Ici l'indéfinissable est réalisé. »

***

Rien de plus beau, de plus émouvant, de plus propre à exciter une réflexion féconde, que le spectacle de ce rare penseur, de cette haute conscience qui, avec une sincérité, une modestie, une puissance, une persistance, une sagacité, une hardiesse et une méthode hors de pair, se travaille pour trouver et dire, telle qu'elle est en soi, la vérité. C'est une chose du plus noble intérêt que la révélation d'un grand esprit. Mais Lachelier fut beaucoup plus qu'une riche et remarquable personnalité : il fut une force créatrice. Il a exercé une influence profonde, il a inauguré dans l'enseignement et dans la recherche philosophique un mouvement qui n'a cessé de croître en intensité et en étendue.

Il a trouvé la philosophie isolée, dans une attitude à la fois hautaine et craintive. Elle prétendait se suffire, ayant pour fondement la raison pure. Elle affectait, dédaignée, au fond, et par les sciences et par la religion, de les ignorer. Le XIX° siècle fut, d'une manière générale, le siècle des cloisons étanches. Lachelier ne consent pas à ce morcellement de la vie humaine. Les sciences exigent, semble-t-il, une conception strictement déterministe et mécaniste du monde : la philosophie doit compter avec cette exigence. La religion est un principe de vie pour les individus et pour les sociétés. La philosophie doit s'interroger sur le sujet de la religion : la philosophie doit être l'effort de la pensée pour pénétrer l'être et le fond des choses, et non pas simplement la description passive de telle ou telle catégorie de faits, tels que les faits dits psychologiques, ou logiques, ou moraux. Rien de ce qui touche à l'être même des choses ne saurait lui être étranger. C'est à cet objet, au contraire, qu'elle doit s'attacher de toutes ses forces. Lachelier avait donné comme épigraphe à sa thèse française le vers de Parménide :

Τωὐτὸν δ'ἐστι νοεῖν τε καὶ οὕνεκεν ἐστι νόημα.

Cet aphorisme demeura sa devise.

C'est dans cet esprit profondément réaliste qu'avec une subtilité aussi profonde qu'originale il s'est appliqué à construire les catégories fondamentales de l'être, rivalisant ainsi avec les plus hardis métaphysiciens. Or, par cette préoccupation constante de ne séparer ni la pensée d'avec l'être, ni l'être d'avec la pensée, il a ramené la philosophie à ses meilleures traditions. En rétablissant sa communication nécessaire, et avec la science, expression authentique de notre connaissance du monde, et avec la religion, source de notre vie la plus haute, il a rouvert devant elle des perspectives infinies. Lachelier continue de vivre, et par la pensée qui gît dans ses œuvres, et

par l'action directe que son esprit, apparenté à l'éternel,
a exercée et exerce, non seulement sur ses élèves immé-
diats, mais sur nombre d'esprits qui ne l'ont pas connu.
Quiconque s'applique à maintenir l'originalité de la philosophie, tout en rétablissant et resserrant ses rapports
avec les sciences et la religion, est, en quelque mesure,
disciple de Lachelier.

HENRI POINCARÉ (1)

ἁρμονίη ἀφανὴς φανερῆς κρείττων
Héraclite
(Une harmonie cachée, plus belle
que l'harmonie visible.)

Une profonde émotion a parcouru l'univers pensant,
à la nouvelle de la mort d'Henri Poincaré. Avec lui s'éteignait une intelligence telle que la nature, dans le cours
des siècles, n'en a produit qu'un tout petit nombre, un
foyer où se donnaient rendez-vous et se confrontaient
toutes les connaissances, si diverses soient-elles, qu'a pu
acquérir l'humanité. Cette merveille de la science une
et universelle, dont l'idée, depuis Leibnitz, paraissait
chimérique, chaque science particulière étant devenue,
elle-même, un infini, s'était, une fois de plus, réalisée ;
avec quelle splendeur, quelle fécondité, quelles perspectives immenses ouvertes sur l'inconnu, on s'en rendait
compte chaque jour plus distinctement. Et c'est à l'âge
de cinquante-huit ans, bien en deçà de la vieillesse, dans
toute la puissance de sa pensée créatrice, que ce génie
nous est enlevé !

On lui pourrait appliquer les vers, plus expressifs sans

(1) *Revue de Paris*, février, mars 1913.

doute que poétiques, dont Constantin Huygens salua la mort de Descartes : Nature, prends le deuil, et, la première, pleure le grand homme disparu :

> Quand il perdit le jour, tu perdis la lumière :
> Ce n'est qu'à sa clarté que nous t'avons su voir.

Exposer l'œuvre d'Henri Poincaré est une entreprise irréalisable. Tandis que la plupart des hommes valent moins que ce qu'ils ont fait, parce que, dans les produits de leur activité, l'apport des autres est l'élément principal, Henri Poincaré mit le sceau de sa pensée sur tout ce qui sortit de son cerveau ; et c'est cette pensée vivante, insaisissable, infinie, qui est l'essentiel de son œuvre. S'assimiler, de chacun de ses travaux, non seulement le détail, mais l'idée génératrice, mesurer la grandeur de cette idée aux espaces qu'elle ouvre par delà les domaines dès maintenant explorés, serait le moyen de connaître, dans toute son ampleur, un esprit qui déborde son ouvrage : cette tâche est réservée à la postérité.

Les quelques pages qui vont suivre ne peuvent prétendre qu'à indiquer l'orientation générale de la pensée d'Henri Poincaré dans les champs divers où elle s'est exercée.

I

LE SAVANT

Henri Poincaré nous apparaît comme une incarnation de la science. Voir, penser, parler scientifiquement est sa naturelle manière d'être. Comme Descartes, dont le tempérament fut analogue, il distingue radicalement entre exposer la science faite, et créer la science. Son œuvre, à lui, c'est de créer. Rien ne sort de son esprit tel qu'il y est entré. Les idées dont il prend connaissance ne lui sont qu'une excitation à chercher, à imaginer, à produire. Un système fait et arrêté se transforme dans son cerveau en une pensée vivante, souple, féconde en aperçus nouveaux.

Non qu'il ignore ce qui a été trouvé avant lui, ou qu'il en fasse table rase, pour se placer, d'abord et sans intermédiaire, en face du problème à résoudre. Son point de départ, tout au contraire, ce sont les résultats déjà obtenus. Mais ces résultats, il les considère essentiellement d'un point de vue critique ; il en démêle, avec une pénétration singulière, les postulats ; et il lui apparaît, en général, que ces postulats sont insuffisamment déterminés ou justifiés. Il en vient ainsi à rechercher plus profondément les principes, et à renouveler, plus ou moins, l'ensemble des connaissances auxquelles il s'est attaqué. Sa création n'est pas destruction : elle s'appuie sur le connu, pour en montrer l'insuffisance, et pour bâtir plus profondément et solidement.

Henri Poincaré appliquait d'instinct cette disposition d'esprit à toutes les sciences qu'il abordait. L'éminent secrétaire perpétuel de l'Académie des Sciences, doyen honoraire de la Faculté des Sciences de Paris, M. Darboux, lors de son jubilé, le 21 janvier 1912, répondant au discours que lui avait, entre autres, adressé Henri

Poincaré, lui dit, dans son langage d'une simplicité exquise, d'une grâce fine et pénétrante : « Avec des hommes tels que vous, la Faculté allait toute seule... Lorsque la considération des services m'a déterminé à vous demander de changer d'enseignement, vous l'avez fait sans hésitation, une première fois pour prendre la chaire de physique mathématique, une seconde fois pour passer à celle de mécanique céleste. Et ainsi, j'ai aujourd'hui la joie et l'orgueil de penser que j'ai pu avancer le moment où, en même temps que grand géomètre, vous avez été proclamé par tous grand physicien et grand astronome ». Et il ajouta : « Pourquoi la Faculté ne possède-t-elle pas aussi une chaire de philosophie scientifique ? J'aurais alors pu vous demander aussi de l'occuper ».

Il n'est pas téméraire, sans doute, de généraliser la remarque, si précieuse dans sa bouche, de M. Darboux. Doué de manière à tout comprendre, à tout repenser, Henri Poincaré eût apporté des idées nouvelles dans tout ordre de connaissances où il se fût adonné : dans la géographie, l'archéologie, la botanique ou la linguistique, aussi bien que dans les sciences que les besoins de la Faculté l'amenèrent à enseigner.

Comme écolier, il s'était distingué dans toutes les branches des études : en mathématique, il s'était montré tout de suite hors de pair. Ses camarades ont conservé le souvenir de l'aisance avec laquelle, au début de son année de mathématiques spéciales, le professeur ayant, dans sa leçon, rencontré une difficulté dont il avait peine à se tirer, Henri Poincaré demanda la permission d'aller au tableau, et improvisa la démonstration cherchée. Il était naturel que ce génie essentiellement scientifique s'éprît, avant tout, de la connaissance qui, plus purement que toutes les autres, réalise la forme de la science, et dont le nom même, étymologiquement, signifie science, rien de plus.

L'œuvre mathématique d'Henri Poincaré défie l'exposition, puisque le point de départ s'en trouve bien au delà du terme où s'arrête l'enseignement classique, et qu'elle consiste surtout en recherches d'une grande hardiesse, destinées à provoquer, elles-mêmes, pendant longtemps, des recherches nouvelles.

Dès 1884 et 1887, nos deux grands mathématiciens Hermite et Jordan appréciaient dans ce sens les travaux d'Henri Poincaré, alors candidat à l'Académie des Sciences. « L'œuvre de ce géomètre, écrit Jordan, dans son rapport, est au-dessus des éloges ordinaires, et nous rappelle invinciblement ce que Jacobi écrivait d'Abel : qu'il a résolu des questions que personne, avant lui, n'avait osé imaginer. »

Les deux caractéristiques de son génie mathématique sont : l'intuition et la généralisation.

Il s'oppose à l'école de Weierstrass, qui tend à réduire les mathématiques à la pure logique. Il maintient la relation des mathématiques au réel, soit sensible, soit suprasensible, et, par suite, le rôle nécessaire de l'intuition dans le travail de découverte. Il considère comme essentiel aux mathématiques un élément de nouveauté, d'originalité, d'agrandissement indéfini, que ne saurait comporter un système exclusivement logique.

Il possède, en outre, une faculté de généralisation extraordinaire. Il distingue, avec autant de finesse que d'audace, en toute conception, la forme et le fond, montre que maint élément que l'on croirait essentiel, est relatif à la forme seule ; et il obtient, en éliminant cette dernière, des formules qui débordent considérablement les faits d'où elles sont issues.

De là le souffle de création qui anime toutes ses œuvres.

Son objet fut, d'une manière générale, l'étude des équations différentielles. L'intégration de ces équations, que réclame, à chaque pas, la science physique, est, la plupart du temps, impossible. Or Henri Poincaré fit faire un pas décisif à ce problème vital par la découverte de ce fonctions célèbres que, par déférence pour celui qui lui en avait suggéré l'idée, il a appelé *fuchsiennes*. C'était là, dit M. G. Humbert (1), « le couronnement de l'œuvre de tout un siècle, et l'ouverture d'un monde nouveau ». Désormais la résolution des équations différentielles n'a cessé de faire les progrès les plus merveilleux.

Un côté très remarquable de ces fonctions est leur relation à la géométrie non-euclidienne. On sait qu'une géo-

____

(1) *Nature*, 27 juillet 1912.

métrie est possible, c'est-à-dire peut se développer sans contradiction, qui ignore le cinquième postulat d'Euclide : « Par un point pris hors d'une droite on peut mener une parallèle à cette droite, et on n'en peut mener qu'une ». Or la construction d'une telle géométrie était, naguère encore, considérée comme un pur jeu d'esprit. Henri Poincaré s'avisa, dans l'une de ses intuitions géniales, qu'il y avait un rapport étroit entre ses fonctions fuchsiennes et la géométrie non-euclidienne. Et il utilisa cette dernière en vue de la géométrie ordinaire, c'est-à-dire euclidienne. Géométrie euclidienne et géométrie non-euclidienne n'étaient plus, dès lors, que des langages différents, dont l'un se pouvait traduire dans l'autre. Et la géométrie non-euclidienne acquérait, pour le mathématicien, autant de réalité que la géométrie euclidienne : celle-ci était, au regard du vrai absolu, sur le même pied que celle-là.

La mathématique a son objet et sa certitude en elle-même, encore qu'elle soit souvent sollicitée de se poser certains problèmes, auxquels d'elle-même elle n'eût pas songé, par les énigmes que nous offre la réalité observable. Or, il est remarquable que les théories qu'elle construit d'après son type rationnel d'évidence sont en conformité avec les phénomènes eux-mêmes, car elles permettent d'en prévoir le cours à venir, avec une exactitude que vérifie sensiblement l'expérience.

C'est dans l'astronomie que, dès l'antiquité, les savants ont cherché la réalisation par excellence des formules mathématiques. Il semble que les mouvements des astres ne soient autre chose que des nombres concrets.

Muni d'instruments analytiques d'une puissance nouvelle, enclin d'ailleurs à tout rapprocher, à tout confronter, Henri Poincaré ne pouvait manquer de considérer dans leurs rapports l'abstrait ou le réel, et, tout d'abord, les mathématiques et l'astronomie. Les circonstances qui le firent astronome furent simplement, comme il arrive, l'appel de la destinée.

Les travaux d'Henri Poincaré en cette matière se rangent sous deux chefs : ' 'canique analytique et mécanique céleste.

Dans le premier domaine il a fait une étude très originale des figures d'équilibre d'une masse fluide en rotation. On admettait que ces figures étaient au nombre de deux : l'ellipsoïde aplati, et un ellipsoïde à trois axes inégaux, dit de Jacobi. Henri Poincaré montra qu'avec l'accroissement de la vitesse de rotation la masse fluide devait prendre une troisième forme, comparable à celle de la poire, et finir par se partager en deux corps isolés. Telle, dès lors, pouvait être l'origine de notre satellite et de certaines nébuleuses.

Dans le domaine de la mécanique céleste, Henri Poincaré fut un créateur de génie, et son nom se range, désormais, à côté de celui de Laplace.

Celui-ci avait cru démontrer que le système solaire, tel qu'il est constitué, devait, une fois donnée la chique-

naude initiale, se maintenir indéfiniment dans son inté-
grité, en vertu de la loi même de Newton, c'est-à-dire
sans intervention nouvelle de la puissance créatrice. Et
les travaux de Newcomb, de Gyldén et d'autres avaient
confirmé les déductions de Laplace.

Nunquam transcurrent præscriptos sidera fines :

ainsi Henri Poincaré exprimait-il la doctrine classique de
la stabilité de notre système.

Or cette doctrine avait été construite en considérant
uniquement l'action mutuelle de deux corps : le soleil
et une planète. Qu'arriverait-il, si, au lieu des rapports
de deux corps, on étudiait les rapports de trois ? Le problème, naturellement, avait été maintes fois abordé. Mais
on y rencontrait des difficultés insurmontables. Pourtant il s'impose, puisque chaque masse matérielle agit
sur toutes les autres. Henri Poincaré trouva, pour ce
problème, des solutions infiniment plus générales que
toutes celles que l'on connaissait. Et, par là, il renouvela
l'Astronomie. De ses solutions, en effet, il résulte que les
fondements sur lesquels s'appuient les astronomes pour
faire leurs merveilleuses prédictions sont, en réalité, rui-
neux. Les méthodes de Lagrange et de Laplace ne sont
plus valables que pour quelques siècles, et non, comme
on le croyait, pour des milliers et des milliers d'années.
Des méthodes nouvelles sont nécessaires. De là l'immortel
ouvrage : *Les méthodes nouvelles de la mécanique céleste,*
8 tomes, 1892-1899.

Tels sont, relativement à la stabilité de notre système,

es conclusions qu'Henri Poincaré tire de la mécanique céleste. Il a, d'ailleurs, considéré également la question u point de vue physique ; et, calculant les effets : 1º de la résistance du milieu interplanétaire ; 2º des marées ; 8º du magnétisme des planètes, il a montré que, de ce côté également, notre système est caduc, et que planètes et satellites doivent finir par s'abîmer dans le soleil.

etit accident, d'ailleurs, et qui n'intéresse les hommes u'en un sens théorique, car la disparition de la vie sur a terre l'aura de beaucoup précédé.

Comme il avait bouleversé l'astronomie avec ses méthodes d'analyse, sans sortir de son cabinet, ainsi ses ravaux en physique furent une sorte de revanche des athématiques et de la théorie, sur la physique qui ne oulait être qu'expérimentale.

L'œuvre d'Henri Poincaré en physique fut essentiellement une critique, à la fois très pénétrante et très féconde, de toutes les découvertes et théories contempoaines.

A propos des principes qui semblaient le plus définiivement établis, il se demandait ce qu'ils signifient, sur uoi ils se fondent. Le principe de la conservation de 'énergie était, depuis Helmholtz, un axiome intangible.

enri Poincaré démontre qu'en dernière analyse il sinifie simplement que quelque chose se conserve, sans u'on puisse dire quoi : proposition qui, sans doute, est de grande importance, mais qui demeure infiniment vague.

Les explications mécanistes des phénomènes physiques étaient, hier encore, considérées comme la condition même de la science. Conformément à cet axiome, Maxwell cherchait obstinément l'explication mécanique de la lumière et de l'électricité. Des confuses théories auxquelles il aboutit, Henri Poincaré donna la clef. Si une explication mécanique de l'électricité est possible, démontra-t-il, c'est-à-dire s'il est possible de construire les équations des phénomènes électriques en partant des équations de la dynamique, une infinité d'autres explications mécaniques de ces mêmes phénomènes est également possible. Entre ces explications on pourra choisir la plus commode, mais il ne peut être question de distinguer la plus vraie.

Certains, d'autre part, veulent que la mécanique classique soit radicalement condamnée par les hypothèses qu'imposent les phénomènes électriques. Selon ces hypothèses, en effet, la masse d'un corps n'est plus constante, mais augmente avec la vitesse. Henri Poincaré expose que la mécanique nouvelle a certainement sa raison d'être, mais qu'elle n'est intelligible que pour celui qui connaît la mécanique classique, en sorte que le nouveau, dans la science, n'abolit pas l'ancien, mais le continue.

Tandis que Henri Poincaré étudiait les travaux de Maxwell, survinrent les retentissantes expériences de Hertz, réalisant les oscillations électriques à période très courte que les théories de Maxwell conduisaient à considérer comme les éléments de la lumière. Henri Poincaré fut des premiers à saisir l'importance de ces expériences, et à en développer les conséquences. Non seulement il suivait de près le mouvement, mais, le plus souvent, il le devançait. Et ce théoricien, non content d'expliquer et d'interpréter les expériences déjà réalisées, en concevait et en suggérait de nouvelles.

C'est ainsi que son nom restera attaché aux expériences de Hertz sur l'explication de la résonance multiple et la théorie de la différenciation des ondes, à la découverte de la télégraphie sans fil, à la première expérience de Becquerel sur les rayons uraniques, aux expériences de Blondlot sur les oscillations des machines, etc.

Il n'était pas jusqu'aux applications pratiques dont il ne s'occupât avec succès : témoin ses travaux sur la théorie de la commutation des machines et sur la théorie du récepteur téléphonique.

Et, d'autre part, remontant des théories nouvelles de l'optique et de l'électricité aux conditions logiques de ces théories, il se voyait amené à scruter à nouveau le grand principe de la relativité du mouvement. Et il mettait en évidence que le mouvement uniforme est, en soi, inobservable, que nous ne pouvons constater que des mouvements relatifs, et que, de l'aveu de la physique elle-même, l'espace absolu et le temps absolu n'existent pas.

Tel était le mouvement alternatif par où l'esprit d'Henri Poincaré se portait, des principes aux conséquences, et des faits aux principes.

II

LE PHILOSOPHE

Il est rare qu'un esprit supérieur, dont l'œuvre a été profonde et originale, n'en vienne pas, tôt au tard, quel que soit le domaine où il s'est exercé, à pénétrer dans le champ de la philosophie. Ces hommes, en effet, qui, par une initiative en quelque sorte mystérieuse, ont soumis à la pensée humaine quelque province nouvelle de la réalité, sont naturellement portés à réfléchir sur le travail qu'ils ont accompli, à rechercher la raison et la signification des succès qu'ils ont remportés. Or, s'il paraît exagéré de soutenir que la réflexion pure et simple sur le travail scientifique soit, à elle seule, toute la philosophie, il n'est pas douteux que cette sorte d'élargissement rationnel de la science ne tienne une place capitale dans l'œuvre des grands penseurs, et n'ait été l'un des points de départ de leurs théories les plus métaphysiques.

A cultiver, en ce sens, la philosophie, Henri Poincaré était comme prédestiné ; car, dès son enfance, il n'avait rien reçu pour vrai, rien trouvé, rien démontré, sans analyser curieusement le travail dont sa découverte ou sa démonstration était le produit. C'est donc par un mouvement spontané de son esprit qu'il se trouva, lui si difficile en fait de preuve, aborder la spéculation qui passe pour le moins susceptible de rigueur et de certitude. S'il avait à cœur de réduire, par sa critique, la valeur des hypothèses scientifiques, trop souvent présentées comme des vérités absolues, il lui plut, en revanche, de rechercher si, dans ces questions même où les hommes de science, volontiers, ne voient que prétexte à bavardage et à constructions arbitraires, il n'était pas possible d'arriver à certaines conclusions raisonnablement justifiées.

Le problème philosophique se pose, pour Henri Poincaré, en des termes qui rappellent le point de vue de Descartes. Il est, estime-t-il, parfaitement possible de se livrer à la science sans aborder la philosophie. Les diverses sciences ont leur critérium de certitude qui, pratiquement, leur suffit. La mathématique part de certains axiomes sur lesquels s'accordent tous les esprits ; elle raisonne suivant la logique pure, qui s'impose nécessairement à notre adhésion. Qu'elle se conforme de tout point à cette double condition, et ses théories seront, scientifiquement, irréprochables. D'une manière analogue, les sciences physiques ont leur norme nécessaire et suffisante : le fait mesurable. Exactement proportionnée aux faits connus, confirmée, en tout sens, par l'expérience, une loi présente la certitude scientifique.

Mais certains esprits ne se contentent pas de cette certitude, en quelque sorte conditionnelle. Joignant à l'esprit scientifique le sens de l'être, de l'existence proprement dite, et, pour tout dire, de l'absolu, ils se demandent, non seulement si notre science accomplit effectivement sa mission de coordinatrice de l'expérience, mais encore quel est, au juste, son rapport à ce qui est, sa valeur comme expression du vrai en soi. Ces chercheurs inquiets sont ceux qu'on appelle les philosophes : Henri Poincaré fut du nombre. Il ne lui suffit pas d'être un savant : il voulut, s'il était possible, savoir ce qu'est et ce que vaut la science.

Son œuvre scientifique était création plus qu'exposition ; il en fut de même de ses travaux en philosophie : ils représentent, non les parties d'un système, mais les moments d'une réflexion qui, de même qu'elle critique les idées reçues, se critique elle-même, et, sans doute, craindrait d'être dupe d'une illusion, si jamais elle s'imaginait qu'elle a touché le but. Tel le Faust de Gœthe, s'écriant :

> *Werd' ich zum Augenblicke sagen :*
> *Verweile doch, du bist so schœn !*
>
> .   .   .   .
>
> *Dann will ich gern zu Grunde gehn* (1).

La méthode que suit Henri Poincaré pour déterminer la valeur objective de la science consiste tout d'abord à se demander en quoi la science consiste, de quels éléments elle est faite. Et cette question elle-même, pour un esprit en qui la science ne se réfléchit pas seulement, mais se crée, revient à cette autre : d'où viennent, comment se forment les connaissances dites scienti-

---

1   « Si jamais il m'arrivait de dire à l'instant qui passe :
    Demeure, oh ! demeure : tu es si parfaitement beau !...
    Qu'aussitôt c'en soit fait de moi ! » *Faust*, I.

fiques ? D'accord avec la tradition classique, et contrairement à la doctrine dite pragmatiste, selon laquelle une idée, d'où qu'elle vienne, est suffisamment justifiée si elle se montre efficace, c'est à la considération de l'origine qu'Henri Poincaré demande des lumières sur la valeur.

Or, envisagée, à ce point de vue, la science lui apparaît, non comme une simple appréhension et classification des faits, mais comme une interprétation, conçue du point de vue de l'esprit humain lui-même ; en sorte qu'elle comprend essentiellement deux moments :

1° la détermination d'un langage approprié, c'est-à-dire d'un ensemble de signes, conformes, et à la nature de notre intelligence, et à la nature des choses à connaître ;

2° l'application de ce langage aux objets qui se présentent à nous.

Le langage dont nous nous servons pour nous assimiler et comprendre les choses se compose principalement : du raisonnement mathématique, de la notion de grandeur mathématique, de la notion d'espace, de la notion de force.

Quelle est l'origine de ces divers instruments ?

Il existe, à ce sujet, deux théories diamétralement opposées. D'après l'une, les conditions dont il s'agit sont, en elles-mêmes, des objets absolument nécessaires et éternels, innés et tout faits d'avance dans notre intelligence, laquelle n'a qu'à regarder en soi pour les y trouver.

Cette théorie est ce qu'on appelle le dogmatisme. La théorie contraire, dite empirique, veut que ces notions, non innées, mais acquises, soient le résultat pur et simple de l'action des choses extérieures sur notre esprit, c'est-à-dire de l'expérience.

Entre ces deux extrêmes, la philosophie moderne, avec Descartes, Locke, Leibnitz et Kant, a, de plus en plus profondément, cherché un moyen terme. C'est ainsi que ce dernier philosophe distingue, de la forme universelle et innée de la pensée, d'où résulte la logique pure et simple, un ensemble de formes acquises, dites trans-cendentales, telles que les notions d'espace, de temps, de substance, de causalité, de réciprocité, qui, tout en participant de la pensée, tiennent également de la nature de l'être concret. Dans ces formes, Kant trouve les éléments des concepts qui nous sont nécessaires pour penser les choses et les convertir en objets de science.

C'est à des conclusions de ce genre que la réflexion sur l'œuvre de la science conduisit Henri Poincaré.

Et d'abord, il repousse la philosophie, purement logique, qui prétend déduire de la seule unité et identité de la pensée abstraite les notions fondamentales des sciences.

Le raisonnement mathématique, à ses yeux, n'est pas, comme on le dit souvent, une simple déduction logique. D'un bout à l'autre de la science, ce mode de raisonner généralise, crée, tire du moins le plus : progrès contraire à l'idée de la pure logique. C'est une sorte d'induction, dont Henri Poincaré trouve le type dans la démonstration par récurrence, laquelle enveloppe un nombre infini de démonstrations.

La grandeur mathématique est le continu ; et l'on pourrait supposer que le continu est donné au sein de l'esprit lui-même, ou qu'il est composable à l'aide des matériaux que l'esprit trouve immédiatement en soi. Il n'en est rien. Le continu mathématique, dit Henri Poincaré, consiste dans la possibilité d'intercaler, entre des échelons consécutifs, des échelons intermédiaires, et ainsi de suite indéfiniment ; puis, entre ces termes mêmes, qui déjà sont en nombre infini, mais qui demeurent rationnels, de nouveaux termes, dits incommensurables. Or une telle notion, sans violer la logique, ne s'explique pas par elle seule. En vain certains mathématiciens, tels que Kronecker, ont-ils tenté de construire cette échelle continue de nombres fractionnaires et irrationnels sans se servir d'autres matériaux que le nombre entier : la doctrine implique un cercle vicieux. Pourrions-nous, en effet, composer notion, non seulement des nombres incommensurable mais des nombres fractionnaires eux-mêmes, si nous ne connaissions, par ailleurs, une matière, que nous concevons comme divisible à l'infini, c'est-à-dire continue ?

Pareillement, l'espace du mathématicien n'est pas un extrait de la pensée pure. Lowatchewski et Riemann, notamment, ont montré qu'en dehors de la géométrie euclidienne, dont l'étoffe est notre espace à trois dimensions, d'autres géométries sont possibles et susceptibles de se développer indéfiniment sans contradiction.

Si nos concepts mathématiques ne se peuvent déduire de la pensée en soi, il en est de même, à plus forte raison, des concepts de la mécanique. Ni la mesure du temps, ni notre principe d'inertie, ni celui de l'action et de la réaction, ne sont donnés ou déterminables purement *a priori*.

Que si, enfin, abordant les sciences véritablement concrètes, telles que la physique, nous nous demandons d'où viennent les idées directrices qu'elles supposent, nous observons que la notion la plus générale concernant cet ordre de recherches, celle de loi physique, selon laquelle, dans des circonstances voisines de l'identité, des phénomènes presque semblables se produisent invariablement, ne se peut ramener au seul contenu de la pensée pure. Il en est évidemment de même des grandes hypothèses, soit mécanistes, soit dynamistes, qui dirigent les recherches des physiciens : leur caractère même d'hypothèses, indubitable pour qui en considère l'histoire, nous interdit de les ériger en vérités absolues.

Si les éléments essentiels du langage scientifique ne sont pas des vérités absolues et innées à la pensée, peuvent-ils davantage s'expliquer par l'expérience toute seule ; et faut-il dire que la science, telle que le temps l'a faite, tranche enfin le grand débat au profit de l'empirisme ?

Ici, encore, Henri Poincaré répond par la négative.

En vain voudrait-on ramener le raisonnement mathématique à une méthode empirique, sous prétexte qu'il n'est pas déductif, mais inductif. L'induction mathématique est rigoureuse, c'est un raisonnement exact : donc ce n'est pas une variété, si perfectionnée qu'on la suppose, de l'association des états de conscience telle qu'elle est donnée dans l'expérience.

Pareillement, la grandeur mathématique et les objets mathématiques ne sont pas des extraits ou des composés, plus ou moins épurés et perfectionnés, des données sensibles : ils sont d'une autre nature. Ils possèdent quelque chose d'original, qui ne se peut ramener à l'expérience.

Considérons, par exemple, l'infini, qu'implique le continu du mathématicien, et qui, partout, se retrouve dans les sciences mathématiques. Il n'est ni peut être exhibé par l'expérience ; il n'offre, à la pensée empirique, qu'un objet confus et indéfini. Or il est, par le mathématicien, conçu très clairement et très distinctement ; il s'impose à lui avec une parfaite précision et évidence. Comment expliquer ce caractère, sinon en admettant que cet infini est, au fond, l'esprit lui-même, lequel, à propos de certains phénomènes, constate et transforme en concept sa capacité de répéter indéfiniment une même action ?

Non moins impuissant apparaît l'effort de l'empirisme pour expliquer l'espace mathématique. Cet espace ne diffère pas en degré, mais en nature, de l'espace expérimental ou représentatif. L'espace mathématique est homogène, isotrope, ce qui signifie que, dans cet espace, toutes les droites qui passent par un même point sont identiques ; enfin, il est doué de trois dimensions. Or l'espace représentatif, soit visuel, soit tactile, soit moteur, ne présente aucune de ces propriétés. Il est véritablement autre que l'espace géométrique : il ne peut fournir à l'esprit les éléments de cet espace.

Les principes de la mécanique, eux non plus, ne sont pas des données de l'expérience. Non seulement on n'a jamais expérimenté l'inertie et l'accélération, telles que les conçoivent les mécaniciens ; mais, à vrai dire, ces principes sont empiriquement invérifiables. En effet, ils supposent un système parfaitement soustrait à toute action extérieure, et il n'existe pas de tel système : toutes les parties de l'univers subissent plus ou moins l'action de toutes les autres parties.

Les prétendus principes de la mécanique sont, en réalité, des définitions. C'est par définition que la force est égale au produit de la masse par l'accélération ; c'est par définition que l'action est égale à la réaction. Ces définitions, tout abstraites, nous permettent de nous entendre nous-mêmes quand nous parlons des choses, mais ne peuvent être ni infirmées ni confirmées par les faits ; ceux-ci sont d'un autre ordre : leur complexité irréductible ne permet pas d'y retrouver les principes simples que la science suppose.

Enfin, les grandes hypothèses de la physique ne sont pas, elles non plus, de simples produits de l'expérience. Soit, par exemple, le principe de la conservation de l'énergie. Pour l'énoncer dans toute sa généralité, il faudrait l'appliquer à l'univers entier. Mais, si l'on tente de le saisir ainsi dans sa vérité, on le voit s'évanouir ; il n'en reste plus que ceci : Quelque chose se conserve, il y a une propriété commune à tous les possibles. Or, que

dire d'une telle assertion ? Dans l'hypothèse déterministe, qui est précisément celle de la science, il ne saurait
y avoir qu'un possible : à ce point de vue, donc, notre
loi paraît n'avoir aucun sens ; tandis qu'elle en prendrait
un, semble-t-il, si l'on admettait que le monde est l'œuvre
d'un être libre.

L'appréciation que comporte le principe de la conservation de l'énergie, dit principe de Mayer, s'applique,
presque sans changement, au second principe fondamental de la physique, dit principe de Carnot, d'après
lequel il est impossible de transporter de la chaleur d'un
corps froid sur un corps chaud sans dépense de travail,
ou sans transport de chaleur d'un corps chaud sur un
corps froid.

Ainsi, les éléments du langage dont la science se sert
pour interpréter les choses, ni ne préexistent dans l'esprit, actuellement ou virtuellement, ni ne sont fournis
par l'expérience. D'où viennent-ils donc ?

La solution du problème ne saurait consister à chercher, en dehors de l'esprit et de l'expérience, une troisième source, évidemment inconcevable. Il ne reste donc
qu'à se demander comment concourent, au juste, l'esprit et l'expérience, pour former ces notions, que ni l'un
ni l'autre, pris isolément, ne peut expliquer.

De l'examen critique du dogmatisme et de l'empirisme ressort déjà l'idée générale du rôle respectif qui
appartient aux deux facteurs.

L'esprit crée les symboles scientifiques, non de toutes
pièces, sans doute, mais en ce sens que la matière pre-

mière qu'il lui faut bien emprunter aux données des sens est, par son action, transformée en concepts, irréductibles à ces données mêmes. Avec les éléments que, de la sorte, il se donne, l'esprit construit, ou peut construire une infinité de formes, toutes également adaptées à sa loi propre, laquelle n'est autre que la répugnance à la contradiction. Qu'est-ce, à ses yeux, dès lors, que l'acte par lequel il choisit telle forme, de préférence à tant d'autres, qui satisferaient également son besoin logique ? Rien d'autre qu'une convention, qu'il énonce d'abord, et qu'il s'engage à respecter, ensuite, dans toutes ses déductions. En théorie, le choix de la convention lui est indifférent : il lui plaît de constater qu'il a la puissance de créer une variété infinie de mondes, dont chacun, logiquement cohérent, est, en lui-même, possible.

Mais l'expérience intervient pour l'avertir de diriger ses créations dans un certain sens, s'il veut qu'elles lui servent, non seulement à jouir de sa fécondité, mais à interpréter aisément le monde où il est plongé. Si, en effet, il essaye d'expliquer les choses à l'aide de ses concepts, il constate que tel d'entre eux s'applique assez bien aux objets donnés, tandis que tel autre ne réussit à les ordonner en quelque mesure qu'à force de constructions de plus en plus laborieuses et compliquées. Il se trouve donc que, si originales et indépendantes de l'expérience que soient ses créations, certaines d'entre elles présentent, comparées aux phénomènes sensibles, quelque chose comme une ressemblance. De là le choix que fait l'esprit. Entre tous les symboles dont il dispose, il retient

ceux qui lui paraissent les plus analogues aux choses :
ceux-là, en effet, sont les plus commodes, les plus facilement utilisables.

Ainsi l'esprit propose, et l'expérience dispose : tel est
à peu près le résumé de la doctrine. Création illimitée ;
choix, parmi les formules créées, de celles qui s'adaptent
le mieux à l'expérience : ces deux moments, qui, en fait,
se mêlent continuellement, sont l'essentiel du travail par
où l'esprit constitue l'instrument d'interprétation des
phénomènes.

C'est ce qu'Henri Poincaré démontre avec profondeur
à propos de chacune des grandes idées qui président au
développement des sciences.

Déjà la mathématique pure, entre toutes les notions
qu'il lui est loisible d'élaborer, s'attache à celles d'homogène, d'addition, de continu, d'infini, parce que c'est par
les théories auxquelles ces notions donnent lieu qu'elle
peut le plus directement être employée à l'explication
de notre monde.

Si nous nous en tenons à la géométrie euclidienne,
alors qu'une infinité d'autres géométries seraient également possibles, c'est que cette géométrie est la plus voisine de notre monde, et nous permet, plus aisément que
les autres, de nous y orienter. Il est de fait que, pour nous
expliquer ce que nous voyons, selon les habitudes que
nous rencontrons en nous, nous nous trouvons confor-
tablement dans une théorie qui attribue à l'espace trois
dimensions, et trois dimensions seulément.

Semblablement, parmi les hypothèses physiques, celle

du mécanisme et celle du dynamisme nous apparaissent tour à tour comme applicables aux faits divers que, tour à tour, nous étudions. Nous userons donc, selon les cas, sans attacher trop d'importance aux divergences logiques, de tels symboles, mécaniques ou dynamiques, qui paraîtront de nature à nous rendre le plus de services.

Ainsi se forme ce langage étrange, très subtil, homogène et divers, libre et déterminé, qui est comme le modèle idéal et abstrait de la science. L'esprit ne le construit pas simplement pour s'y complaire, comme dans une éloquente image de sa puissance. Il entend, à l'aide de ce langage, connaître ce qui est. Et ainsi, tous les problèmes que le philosophe se pose à propos de la science aboutissent nécessairement à ce second problème fondamental : Quel est le rapport de la science à la réalité ?

Peut-on demander à la science elle-même des révélations sur sa valeur objective, comme, parfois, du seul examen d'un portrait on pense pouvoir tirer des conclusions sur sa ressemblance à l'original ? Une parfaite unité et conséquence de la science entière, par exemple, ne témoignerait-elle pas de sa conformité à la nature des choses ? Ou, réciproquement, l'impossibilité certaine de trouver, pour les lois naturelles, des formules définitives, ou encore d'établir une véritable cohérence entre les diverses parties de la science, ne signifierait-elle pas que la nature se joue de nos classifications, et que notre science est comparable à la tentative d'imiter la vie au moyen d'un mécanisme artificiel ?

Il ne semble pas que, par de telles considérations, nous puissions jamais mesurer le rapport vrai de **notre** science aux réalités. Faut-il admettre, par exemple, qu'à la différence de nos lois scientifiques, dont l'essence est la fixité, les lois intrinsèques de la nature elle-même pourraient être sujettes à une évolution ? Une **telle** question, pour le savant en tant que savant, n'a pas de sens. L'œuvre du savant est, précisément, de transformer le changement en fixité, le fait en loi, l'évolution en équation. Toute indétermination est, pour la science, une inconnue à déterminer, une ignorance à dissiper, et ne saurait être autre chose. Car la science est, proprement, une interprétation de la nature régie par cette hypothèse : Tout est semblable, tout n'est qu'addition ou soustraction de semblables. Il serait aussi paradoxal de demander à la science si elle peut voir les choses d'un point de vue opposé au point de vue scientifique, que de demander à l'œil humain s'il peut voir des êtres dépourvus de forme et de couleur.

Mais si la science, prise en soi, est muette sur son rapport à l'original qu'elle a mission de traduire, il n'en est pas de même de la science, considérée, par le philosophe, dans son mode de formation et de développement. Elle repose, en ce sens, selon Henri Poincaré, sur des conventions, sur des hypothèses, sur des théories construites par l'esprit ; et ce qui en fait la valeur, c'est que ces hypothèses et ces théories, d'une manière générale, se sont montrées et demeurent commodes et utiles. Quand une fois cette origine de notre science nous a été révélée, comment pourrions-nous continuer à la tenir pour l'expression adéquate de la réalité ? Puis-je continuer à croire à la ressemblance d'un portrait, si j'apprends que le peintre l'a composé loin du modèle, avec des formes et des couleurs qu'il a lui-même imaginées ?

Suit-il de là, toutefois, que notre science ne possède aucune valeur objective ?

Considérons le travail qu'accomplit l'esprit lorsqu'il transforme un fait brut en un fait scientifique. Sa grande méthode consiste à substituer, au fait proprement dit, la mesure de ce fait, et à opérer la mensuration d'après des principes où le philosophe ne peut voir que des conventions. Jamais, d'ailleurs, le savant ne se satisfait, jamais il ne consent que le résultat où il est parvenu soit considéré comme définitif. Ce résultat est relatif à telle convention ; mais d'autres conventions seraient possibles, préférables peut-être. Ne suit-il pas de là que la science, en définitive, écarte et envoie promener, ἐᾷ χαίρειν comme dit Platon, le fait extérieur, pour créer, à la lettre, le fait scientifique qu'elle met à sa place. ?

Pure apparence, selon Henri Poincaré. De ce que je puis à mon gré, évaluer une longueur en mètres, en toises, en yards, etc., il ne s'ensuit pas que je crée la longueur même dont je prends la mesure. Et si je fais appel, tantôt à une convention, tantôt à une autre, c'est précisément parce que je cherche quelle est celle qui paraît le plus propre à serrer de près la réalité. Tel, un homme qui sait plusieurs langues, trouve parfois dans une langue étrangère, pour exprimer la nuance de sa pensée, un terme qu'il cherche en vain dans sa propre langue. La science, sans doute, n'arrive jamais à formuler une assertion définitive : elle ne peut dépasser le provisoire ; mais elle ne tient pas, pour cela, toutes les connaissances humaines pour également inadéquates. Elle procède par approximations successives, c'est-à-dire que, sans jamais parvenir à toucher le but, elle sait, avec certitude, que tel point en est plus proche que tel autre. Et l'idée même que ce qui était vrai hier est aujourd'hui faux, et qu'ainsi nos théories les plus triomphantes sont destinées, elles aussi, à succomber, est, chez un savant, tout autre chose que cette condamnation sommaire de toute affirmation scientifique, où se complaît l'amateur qui voit les choses du dehors. La vérité d'hier, aux yeux du savant, ne disparaît pas, purement et simplement, pour faire place à la vérité d'aujourd'hui. Ceci ne tue pas cela. Les vieilles théories, même remplacées, conservent leur valeur, qui est d'expliquer tel ordre, tel groupe de phénomènes. Elles ne sont pas détruites, elles sont dépassées par les théories qui expliquent un nombre de phénomènes plus grand. Vingt n'est pas la négation de dix. L'intérêt supérieur qu'il y a, pour la science, à faire tourner la terre autour du soleil plutôt que le soleil autour de la terre, n'empêche pas que l'ancienne hypothèse n'explique un certain nombre de faits, et ne possède un certain degré de vérité. Et, dans certains cas même, il peut être plus commode de conserver les anciens points de vue. Il faut renoncer à l'idée d'une science coulée d'un seul jet, parfaitement une et cohérente. Une telle science part de l'absolu. Or nous ne pouvons qu'y tendre, en sachant, d'ailleurs, que nous n'y atteindrons pas. Notre science, effort pour saisir, avec des instruments de notre invention, une vérité qui ne dépend pas de nous, admet la coexistence de théories construites d'après des principes divers, hétérogènes, incompatibles peut-être, pour qui prétendrait les ériger en vérités absolues.

Déjà donc, la science se justifie en tant qu'elle est une connaissance, relative sans doute à nos moyens de connaître, mais susceptible d'un perfectionnement indéfini.

Ce caractère, toutefois, épuise-t-il sa valeur ? Telle n'est pas la conclusion dernière d'Henri Poincaré : il revendique, pour la science, une certaine participation à la vérité, non seulement humaine, mais absolue.

Nous n'atteignons pas les choses en soi. La raison de cette impuissance n'est pas la présence inévitable d'éléments subjectifs et conventionnels dans toutes nos conceptions. Mais la démarche nécessaire du savant, celle qui est le commencement et la condition indispensable de la science proprement dite, c'est la substitution de la mesure à la chose mesurée. Le savant ne sait, ni ne veut savoir quelle chose il mesure : qu'il mesure bien, et son œuvre est faite. Πάντα γα μὰν τὰ γιγνωσκόμενα ἀριθμὸν ἔχοντι, la connaissance est fonction du nombre : cette maxime de Philolaüs demeure la devise de la science.

Ne s'ensuit-il pas que l'absolu est, à tout jamais,

inaccessible ? Sans doute, notre science n'est pas relative aux sensations des individus : elle présente une certaine universalité et nécessité. Mais est-ce à dire, pour cela, qu'elle rejoigne les choses elles-mêmes ? N'est-elle pas comme suspendue dans le vide, entre l'être et nous ? Ne demeure-t-elle pas extérieure à l'être ?

A cette conclusion la logique semble nous conduire. Mais un fait s'impose à nous, qui renverse cet échafaudage. Cette science, qui ignore la réalité, qui ne se constitue qu'en l'écartant, est avouée par la réalité. Et la nature, qui se montrait indocile, alors que l'homme essayait de lui arracher ses secrets et de lire dans son intérieur, obéit d'autant mieux au savant que celui-ci renonce à savoir qui elle est, d'où elle vient, par quelle puissance elle crée. Notre science, appliquée aux choses, réussit. Elle ne contente pas seulement notre intelligence : elle est la formule magique qui suscite les phénomènes.

Qu'est-ce à dire, sinon que dans nos théories scientifiques se réunissent deux éléments : un symbole, qui vient de nous, et quelque chose de la réalité même, qui est enveloppé dans ce symbole.

Sans doute, pratiquement, ces deux éléments sont inséparables et ont l'air de ne faire qu'un : nous ne pouvons connaître sans recourir au nombre : οὐ γὰρ οἷόν τι οὐδὲν οὔτε νοηθῆμεν οὔτε γνωσθῆμεν ἄνευ τούτου, dit Philolaüs. Mais dans toute connaissance vraiment scientifique, il y a, réellement, sous le signe, une chose signifiée. Celle-ci n'est pas un simple fantôme de notre imagination : elle est, au fond, une et identique dans notre pensée et dans l'être même. Cet élément, trait d'union des deux mondes, c'est le rapport.

La doctrine à laquelle aboutit ici Henri Poincaré rappelle l'attitude de Kant à l'égard de l'idéalisme. Kant définissait sa doctrine un idéalisme transcendental, fondant un réalisme empirique. Il voulait dire par là que si l'être, tel qu'il est en soi, nous demeure inaccessible, en sorte que nos prétendues connaissances, à son sujet, ne sont que de pures idées, en revanche, nous atteignons le réel lui-même quant aux rapports qu'il contient, c'est-à-dire les lois véritables de la nature. Et Kant concevait ces deux thèses comme solidaires l'une de l'autre.

D'une manière analogue, Henri Poincaré, du même coup, justifie notre science comme connaissance des réalités, en tant qu'elle vise à connaître simplement les rapports des choses, et la frappe d'incapacité, pour ce qui est de la connaissance des réalités absolues. Et volontiers il dirait, lui aussi : Il faut cultiver notre jardin. A quoi bon nous fatiguer à poursuivre un absolu qui, à tout jamais, se dérobe à nous ? La connaissance nous en serait-elle profitable ? Nous ne savons. Mais le champ du relatif, des rapports, des lois naturelles, où nous sommes chez nous, est si vaste, si riche et si fécond, qu'il suffit amplement à occuper notre activité. « C'est, disait Montaigne, une absolue perfection, et comme divine, de savoir jouir loyalement de son être ». Henri Poincaré, sans doute, eût souscrit à cette maxime.

Est-ce là, toutefois, son dernier mot ? Ne pouvons-nous mieux faire que de nous tenir à un dualisme radical, selon, lequel une barrière infranchissable séį ͏e ce qui nous est accessible, pur phénomène extérieur, ͏ ce qui est véritablement, mais nous demeure à tout jamais inconnaissable ?

A considérer l'ensemble de l'œuvre d'Henri Poiᴉ aré, et un grand nombre de passages de ses écrits, oᴉ st amené à penser que, discrètement sans doute, comme ͏ convenait à sa nature de savant, mais résolumenᴉ comme le voulait son génie impatient de tout entrave, il s'est demandé quelle pouvait bien être cette réalité même, qui ne se révèle à nous que par le rapport de ses parties entre elles.

Or ces rapports mêmes lui sont apparus comme autre chose que de simples objets de connaissance scientifique. Il était frappé de voir que, pour les découvrir, l'esprit humain, en fait, use de principes autres que les pures idées abstraites et les formules éprouvées du savant. Certes, notre travail réfléchi et critique joue, dans l'invention scientifique, un rôle indispensable. Il rassemble, classe, épure les matériaux sur lesquels s'exercera notre imagination ; puis, l'idée une fois surgie des profondeurs de notre esprit, il intervient de nouveau, pour confronter les notions nouvelles avec les faits observables et avec les connaissances acquises, de manière à garantir leur droit à la subsistance. Il n'en reste pas moins que ce travail de la pensée réfléchie est surtout préparatoire ou éliminatoire, et que la création proprement dite s'opère dans une région de la pensée plus profonde que la réflexion. Et si nous cherchons à nous rendre compte des directions que suit cette pensée, plus ou moins inconsciente, nous trouvons qu'elle est guidée, non plus par des idées claires, mais par des mouvements qui tiennent du sentiment, par l'aspiration vers la beauté, la simplicité, la clarté, l'unité, l'harmonie. Nous cherchons le beau, et nous trouvons le vrai. Ne serait-ce pas qu'entre les choses et notre âme il y a quelque affinité ? Cet absolu, qui échappe à nos prises, ne serait-il pas, lui aussi, de quelque manière, épris d'harmonie, de convenance, de fécondité, de beauté ? Et puisque l'harmonie, non seulement engendre des rapports, mais est elle-même rapport, proportion, arrangement, est-ce bien saisir toute la valeur des rapports dont s'occupe notre science, que d'y voir, purement et simplement, l'enveloppe commune, mais superficielle de deux mondes, l'un subjectif, l'autre objectif, lesquels seraient, dans leur être, impénétrables l'un à l'autre ? Le fond même des choses ne serait-il pas, précisément, une harmonie cachée, plus belle encore que l'harmonie visible ?

Le dualisme kantien, dès lors, ne représenterait pas, pour Henri Poincaré, le terme de la philosophie, Insurmontable pour celui qui se borne à considérer du dehors, comme choses empiriquement données, et la science et l'esprit, le dualisme ne serait plus qu'une image figée et provisoire des choses, aux yeux du penseur qui envisage la science, non comme un système de concepts, mais comme une création sans fin, et qui découvre, en sa pensée même, un témoin vivant de l'unité secrète de la nature et de l'esprit. Et ainsi, sans rien relâcher de la rigueur scientifique, il nous serait permis, à nous aussi, de spéculer, comme les anciens Grecs, sur la source de l'ordre et des lois qui régissent notre monde ; car ces lois mêmes, plus voisines du fond des choses qu'il ne semble à celui qui n'en voit que les caractères extérieurs, seraient capables, par leur côté métaphysique, de nous introduire dans le monde de l'être véritable. Ἐπεὶ δ'οὐδὲν ἀληθέστερον ἐνδέχεται εἶναι ἐπιστήμης, ἢ νοῦν νοῦς, ἂν εἴη τῶν ἀρχῶν ... τὸ ὀρεκτὸν καὶ τὸ νοητὸν κινεῖ. « Rien ne saurait être plus vrai que la science, sinon l'intelligence : celle-ci doit donc être un principe... La source du mouvement est dans le désirable et l'intelligible (1) ».

Ce n'est qu'en de fugitifs instants qu'Henri Poincaré jette un regard sur ce monde transcendant. Y vivre, comme dit Aristote, serait d'un dieu : il n'est donné à l'homme que de l'entrevoir, par instants, comme à la lueur d'un éclair. Mais il est certain que notre intelligence, par où nous discernons l'intelligibilité des choses, ne peut être, elle-même, assimilée aux choses, ou conçue comme un de leurs effets nécessaires. Or, si l'intelligence est plus vraie que la science elle-même, les caractères que présentent nos lois scientifiques : homogénéité, réductibilité universelle, nécessité, ne sont vraiment compris que s'ils sont rattachés à l'intelligence, comme à leur cause. Mais alors, ne serait-ce pas la pensée vivante, le choix, l'action en vue de l'ordre et du bien, la liberté, qui constituerait la substance et la vérité intime de ce qui

____

(1) Aristote, 2, *Anal.* II, s. f. ; *Mét.*, XII, 1072 à 26.

nous apparaît comme pure nécessité et inertie ? Non seulement l'ἀνάγκη, ou nécessité mécanique, serait dominée par le νοῦς, ou intelligence, comme [chez [Platon ; mais ce dualisme apparent se résoudrait, au fond, dans la libre souveraineté de l'esprit.

Il n'est pas difficile de trouver, dans les écrits d'Henri Poincaré, des passages qui suggèrent de telles réflexions, mais lui-même se serait reproché d'y insister : il consacrait la parole aux objets qui se communiquent, exactement, d'intelligence à intelligence, plutôt qu'à l'expression, nécessairement inadéquate, médiocre et comme impertinente, de la vie intérieure de l'âme.

*
* *

Non qu'il méprisât la pratique, et qu'il considérât comme de simples sujets d'étude pour le psychologue ou pour le médecin les consciences qui se demandent anxieusement comment elles doivent se conduire, à quels principes elles doivent obéir pour accomplir leur destinée. Il estimait la nature humaine, et il ne pouvait répondre par un simple haussement d'épaules à ceux qui, accusant la science d'avoir manqué à l'engagement de satisfaire tous les besoins de l'homme, croyaient pouvoir en dénoncer la faillite.

Les demandes de la conscience humaine, en matière morale et pratique, ne pouvaient, certes, être éludées ; mais, disait Henri Poincaré, ce n'est pas à la science qu'il convenait de les adresser. Celle-ci n'a pas promis,

ne saurait promettre de rendre l'homme bon et heureux.
Elle observe, elle explique, elle prévoit : tel est le champ,
telles sont les limites de son activité. Elle considère ce
qui est, non ce qui doit être, le fait, non le devoir. Il est
clair que la connaissance des faits et de leurs lois physiques ne peut suffire à informer l'homme de sa mission
et de sa destinée. Je sais, par la science, que, si je veux
réaliser telle fin, il est nécessaire que j'emploie tel moyen.
Mais quelle fin dois-je me proposer ? Sur ce point la
science n'a rien à dire. Et pourtant les hommes ne peuvent
se dispenser de poser une telle question. Réduire la morale à une simple description et analyse des mœurs exis-
tantes, c'est abandonner l'homme aux hasards de la cou-
tume, de la passion, de l'impulsion aveugle, de l'inertie :
c'est le faire déchoir. Une société humaine est comme une
armée : elle ne peut remplir sa fonction, défendre et
accroître le patrimoine matériel et moral qui lui est
confié, que soumise à une discipline. Or, de même que
la science a son point d'appui, certain et inébranlable :
le fait ; de même, nous trouvons en nous-même un fondement solide du devoir et de la morale : la conscience.
Qui pourrait dire lequel des deux principes offre une certitude supérieure ? Je suis certain qu'il y a un devoir,
que la justice, le désintéressement, la bonté ne sont pas
de vains mots, comme je suis certain que les faits rentrent
dans les lois. Si je méprise l'évidence inhérente aux principes de la morale, de quel droit me réclamerai-je de
celle qui accompagne les principes de la science ?

Henri Poincaré a souvent exprimé dans des formules

de ce genre ses idées sur la valeur et le caractère de la morale. Dans l'*Introduction à la valeur de la Science*, par exemple, il écrit : « La morale et la science ont leurs domaines propres, qui se touchent, mais ne se pénètrent pas. L'une nous montre à quel but nous devons viser ; l'autre, le but étant donné, nous fait connaître les moyens de l'atteindre. Elles ne peuvent donc jamais se contrarier, puisqu'elles ne peuvent se rencontrer. Il ne peut pas y avoir de science immorale, pas plus qu'il ne peut y avoir de morale scientifique ».

De telles assertions pourraient faire croire qu'Henri Poincaré n'a pas dépassé, en ce qui concerne les rapports de la morale et de la science, le point de vue dualiste. Tenons ferme, semble-t-il dire, les deux bouts de la chaîne, sans nous occuper de savoir comment l'enchaînement se continue. Il serait étrange, pourtant, qu'un génie comme le sien, dont le propre était de confronter les connaissances les plus disparates, s'en fût tenu à cette doctrine tout empirique, visiblement insuffisante aux yeux du philosophe, et particulièrement fragile à notre époque, où la science, comme un flot sans cesse montant, semble vouloir conquérir le domaine entier de l'être et de la pensée. La science a brisé le dualisme de l'immobilité et du mouvement, du mouvement et de la force, de la matière et de la vie : pourquoi ne s'emparerait-elle pas, semblablement, du monde de la conscience et de la moralité ? Que si, effectivement, la morale est sans rapport avec la science, comment le savant la distinguera-t-il de ces croyances de pur sentiment, qui, comme telles, peuvent bien servir de point de départ à ses investigations, mais que la science a précisément pour fonction d'éliminer, et de remplacer par des formules purement objectives et intellectuelles ? Tout dualisme du scientifique et du non scientifique, au regard du savant, est une vue purement provisoire des choses. Pour lui, ce qui est hors de la science, ou n'est rien, ou n'a d'autre signification que celle d'un problème à résoudre.

Si Henri Poincaré, parlant au grand public, se contentait, en général, d'insister sur l'hétérogénéité du scientifique et du moral, et sur l'illégitimité du raisonnement qui conclut de l'un à l'autre, c'est, sans doute, que beaucoup d'hommes accueillent volontiers cet argument, facilement saisissable, tandis qu'ils ont peine à entrer dans l'examen, nécessairement bien plus subtil, des liens qui peuvent exister entre la morale et la science. Chacun chez soi, quoi de plus simple ? Mais, en réalité, quoi de moins sûr, lorsqu'on se trouve en face d'un adversaire qui, lui, a pour devise : Tout ou rien.

Henri Poincaré, au fond, ne se satisfait pas du dualisme. La science n'est pas, pour lui, l'intelligible tout entier. Plus grand que la science, plus profond, plus vrai même est l'esprit, qui la crée, et qui, en quelque mesure, se retrouve dans les choses. C'est pourquoi, alors même que l'homme s'applique à la science, s'il vient à en considérer, non seulement les résultats, mais l'origine et la valeur, il se sent vivre d'une vie supra-scientifique. Le vrai qu'il cherche, l'idée d'harmonie qui le guide, président à la science, et n'y sont pas exprimés dans leur plénitude.

Ici se trouve, dévoilé par la science elle-même, le principe commun de la science et de la morale. Réaliser l'esprit, et dans la connaissance et dans l'action, la morale ne prescrit pas autre chose. Déjà l'œuvre de science est moralement belle chez celui qui, dans le savoir, cherche, non la simple utilité, mais la pure connaissance du vrai. Déployer dans la vie, en l'adaptant aux conditions données de notre existence, cette même puissance d'harmonie, d'ordre et de beauté, c'est, sans nulle solution de continuité, passer du domaine scientifique au domaine moral proprement dit.

Science et morale ont un principe commun, et mènent l'une à l'autre. Mais il importe de considérer que la morale, dès lors, n'est, ni peut être, comme plusieurs le croient, la science du bonheur, au sens vulgaire du mot. Le bonheur, c'est, selon l'opinion commune, la satisfaction des tendances de l'individu. Or, la science méprise l'individu. Celui-ci demande à jouir de son être, à se reposer dans une demeure tranquille : il est heureux, si ses désirs sont satisfaits. Mais la science, en accroissant chaque jour la puissance de l'homme, suivant une proportion arithmétique, accroît, du même coup, suivant une proportion géométrique, ses désirs et ses ambitions. Elle se rit du bonheur médiocre où il s'attardait : elle le lance à toute vitesse, vers un état qu'elle lui présente comme une félicité infiniment plus rare, plus riche et plus intense. Elle lui fait, pour ce qui est du bonheur, lâcher la proie pour l'ombre.

Ce que la science vise, ce n'est pas le bonheur, c'est

le progrès, chose impersonnelle, collective, fatale, où l'individu est emporté comme dans un torrent.

Mais la vraie morale n'est pas l'art d'être heureux. Elle veut que nous grandissions le plus possible en intelligence, en dignité, en perfection. Elle nous prescrit de développer de toutes nos forces ce qu'il y a en nous de plus noble et de plus beau : l'esprit.

S'il en est ainsi, la science, loin d'être étrangère à la morale, fait, elle-même, partie de la morale. Car elle n'est pas, dans son essence, un ensemble de recettes, permettant à l'homme de consacrer à sa jouissance les forces de la nature. Elle n'est même pas une méthode d'action, dont le succès serait la fin. En soi, elle ne vise qu'à connaître et comprendre, non à jouir. Et l'utilité infinie qu'elle présente est un effet de sa nature, non sa raison d'être.

Elle est l'esprit même, travaillant à se réaliser, à prendre conscience de sa puissance et de sa grandeur, à se donner le spectacle du déploiement de son être dans l'univers. Elle répond donc à l'idée d'une morale qui tend au véritable perfectionnement de l'homme. Peut-être suffirait-elle à remplir la vie d'un homme qui en pénétrerait toutes les profondeurs.

Lorsque Mme Ackermann offrit à Henri Poincaré ses poésies philosophiques, désireuse de dire ce qu'elle lisait à travers les théories du grand géomètre, elle inscrivit sur la première page les vers suivants :

> Non, ton éternité d'inconscience obscure,
> D'aveugle impulsion, de mouvement forcé,

> Tout l'infini du temps ne vaut pas, ô Nature,
> La minute où j'aurai pensé.

Avoir, ne fût-ce qu'un instant, communié avec la vérité ; avoir entrevu, dans son harmonie intérieure et divine, et avoir dominé cet univers où, matériellement, nous sommes perdus ; être devenu, un instant, la pensée même qui l'ordonne, le soutient et le crée : quoi de plus grand ? que rêver qui ne soit moindre ?

Henri Poincaré chercha-t-il vraiment, en ce sens, dans l'intelligence de l'universelle vanité des choses, l'accomplissement suprême de notre destinée ? .

Gardons-nous de lui imposer cette conclusion. Si l'amour de la science est, que nous le sachions ou non, un renoncement au bonheur tel qu'on l'entend communément, il n'est pas, pour cela, le renoncement à tout bonheur. Certes, qui n'a pas goûté ce fruit mystérieux, ne peut guère en soupçonner la forte et délicate saveur : les sentiments veulent être vécus pour être connus. Mais il est très vrai qu'à contempler les harmonies des choses, le savant éprouve je ne sais quelle impression de ravissement, qui peut, elle aussi, être appelée joie, contentement, bonheur. Et ainsi la science, pour la conscience du savant philosophe, n'est pas une option entre l'arbre du savoir et l'arbre de la vie. Elle-même est vie, une vie qui a le sentiment de son intensité et de son excellence, qui, en un sens, transcendant sans doute mais véritable, peut être dite heureuse. Ἡ τοῦ νοῦ ἐνέργεια δοκεῖ καὶ παρ' αὐτὴν οὐδενὸς ἐφίεσθαι τέλους, ἔχειν τε ἡδονὴν οἰκείαν : « L'activité de l'intelligence, qui n'a semble-t-il, d'autre fin qu'elle-même, porte en soi un plaisir qui lui est propre (1) ».

Quelles conséquences pratiques suivent de telles doctrines ? Henri Poincaré n'a que peu écrit sur ces sujets : son esprit allait aux principes qui sont loin de notre portée, plutôt qu'aux applications, qu'il voyait, lui, sortir toutes seules des principes une fois posés. Les circonstances, cependant, l'amenèrent à dire son avis sur des problèmes pratiques de grande importance : les réponses qu'il y donna sont en parfaite conformité avec sa pensée scientifique et philosophique.

On l'interrogea sur les rapports entre la culture littéraire et la culture scientifique. Or, si la science a sa source la plus profonde dans la puissance créatrice de l'esprit, fonds d'harmonie et de beauté ; si, dans le principe le plus relevé de l'être, intelligence et sentiment coïncident, il est contraire à la nature des choses d'établir un antagonisme entre la culture scientifique et la culture littéraire, ou, même, de les considérer comme étrangères l'une à l'autre. Distinctes, elles se complètent ; prises dans leur acception la plus haute, elles se mêlent, elles s'engendrent l'une l'autre. Comme la conscience de la création scientifique détermine dans l'âme des émotions et des visions qui sont du domaine de la poésie, ainsi le développement de l'imagination, de l'enthousiasme, du sens de la beauté et de l'harmonie, que pro-

_____

(1) Aristote, *Éth. Nic*, X. 7. 1177 b 18.

cure l'activité littéraire, est propice à l'œuvre du savant. Ce n'est donc pas seulement pour former un homme complet, que l'on doit s'efforcer de joindre, dans l'éducation, les études littéraires aux études scientifiques. Celui-là même qui se propose de se consacrer aux sciences ne peut que gagner à se donner une forte culture littéraire.

Et, parmi les études de cet ordre, il devra préférer celles qui réalisent le plus parfaitement l'idée d'une culture saine et profonde de l'intelligence et du goût, à savoir les études classiques proprement dites. Un grand mathématicien, Hermite, aimait à dire que le thème latin était l'introduction la plus directe et la plus efficace à l'étude des mathématiques. Henri Poincaré, d'un ton moins mystérieux, parlait dans le même sens. « Ce qui est certain, dit-il (1), c'est que les savants qui ont bénéficié de l'éducation classique s'en félicitent tous, tandis que ceux qui en ont été privés le regrettent pour la plupart... Pourquoi les uns se félicitent-ils, pendant que les autres regrettent ? Est-ce seulement parce que la science n'est pas tout, qu'il faut d'abord vivre, et que la culture nous fait découvrir à la fois de nouvelles raisons de vivre et de nouvelles sources de vie ? Non, tous sentent confusément que ce n'est pas seulement à l'homme, mais au savant même que les humanités sont utiles ».

Il réprouvait, de la même manière, tout système exclusif, quand il s'agissait de savoir d'après quels principes on doit diriger l'éducation morale de l'humanité.

____

(1) *Les sciences et les humanités*, p. 6.

Que valent, demandait-il, ces formules rigides, au nom
desquelles tels ou tels moralistes croient pouvoir reven-
diquer le monopole de l'éducation, et exclure ceux qui
ne pensent pas comme eux ? Déjà nos formules scientifiques, si sévèrement éprouvées, ne sont, en réalité, que
des approximations, toujours provisoires. Que dire de nos
formules de morale ? L'esprit est plus grand que tous
les systèmes : il admet, pour l'expression de la vérité,
une infinité de traductions et de symboles. Que les
hommes de bonne volonté cessent donc de détourner,
vers des luttes intestines, des forces que le devoir humain
réclame toutes ; que, bien plutôt, ils s'unissent, malgré
leurs différences, ou grâce à ces différences mêmes,
comme dans une armée en campagne, l'infanterie, la
cavalerie, l'artillerie, loin de prétendre chacune agir
seule, combinent leurs efforts en vue de la victoire commune.

III

L'HOMME

Telle fut l'œuvre d'Henri Poincaré. A-t-elle son origine, et trouve-t-elle son explication dans sa personnalité ? Sans doute, c'est en suivant sa pente naturelle
qu'il pense, travaille, produit. Toutefois, non seulement
il ne songe pas à exprimer, dans son œuvre, son être individuel, mais il a conscience d'adapter sa personne à
cette œuvre même. Il est, nous dit-il, dirigé par son tra-

vail, bien plus qu'il ne le dirige. Les idées sont, pour lui, en quelque sorte, des êtres, doués d'affinités et d'harmonies propres, qui planent dans des régions inaccessibles. Il ne croit pas qu'il dépende de lui seul de les découvrir. Si, chaque jour, il s'assied à la même heure devant sa table de travail, il ne s'obstine pas quand l'effort lui paraît infructueux. Il s'est préparé à recevoir l'hôte mystérieux : il attend sa venue. La science se fait en lui : il la sert, docilement.

S'il faut renoncer, quand il s'agit d'Henri Poincaré, à expliquer l'œuvre par l'homme, celui-ci, en revanche, dépend étroitement de celle-là. Tandis que, dans son travail de savant et de professeur, il s'applique à produire au dehors l'idée qui se développe en lui, à l'introduire dans notre monde, à lui faire produire ses conséquences, il en ressent, lui-même, la puissante influence, et, spontanément, il se laisse modeler par elle. Il nous apparaît comme une incarnation de la science. Sa vie, ses occupations, son caractère, son âme s'orientent vers la fin pour laquelle il existe.

*
* *

Dès son plus jeune âge, Henri Poincaré ressentit, de façon impérieuse, le besoin scientifique. Chez tous les enfants, et même chez nombre d'hommes, ce besoin existe. Mais il est étrange avec quelle facilité, en général, on y satisfait. La remarque d'une analogie, même superficielle et grossière, entre la chose à expliquer et certains objcts déjà connus, suffit, chez la plupart, à dissiper cet étonnement causé par la nouveauté, où Aristote voyait le commencement de la science. Henri Poincaré, d'instinct, savait ce que c'est que comprendre. Il n'apprenait rien qu'il ne repensât, qu'il ne ramenât, non à une chose quelconque, en vertu de quelque faible et décevante analogie, mais au principe propre et pertinent, qui, effectivement, y portait la clarté et l'intelligibilité.

Cette disposition d'esprit se manifestait par l'instinct qui poussait Henri Poincaré à enseigner à d'autres ce que lui-même avait appris ou trouvé, et par la manière dont il présentait et exposait ces connaissances, nouvelles pour lui. Dans les conversations, dans les promenades avec les siens ou avec ses amis, sans user de livres ni de papiers, il racontait, il expliquait, il démontrait. Et jamais il ne répétait une leçon : il créait cette forme remarquable, concise, lumineuse, exacte, et comme achevée, qu'on lui voyait donner à la moindre explication ; tout en énonçant des faits, toujours il développait des idées. L'histoire, la géographie, la grammaire, les choses usuelles lui étaient, ainsi, matières à théories.

Il aimait ardemment le jeu. Le distinguait-il réellement du travail ? Mais les jeux tout faits, dont les règles sont établies et imposées, ne l'intéressaient pas. Il inventait ses jeux comme ses méthodes de travail. Ses inventions, d'ailleurs, n'étaient pas arbitraires. C'étaient des expériences qu'il instituait. Il se donnait certaines conditions, et il en observait les conséquences.

A peine savait-il lire qu'il s'assimilait, par une véritable étude, *La Terre avant le Déluge*, de Louis Figuier. Dès lors, ses jeux consistèrent à voir quelle vie faisaient aux hommes les conditions extraordinaires décrites dans cet ouvrage, c'est-à-dire à imaginer mille expériences propres à résoudre ce problème.

Un peu plus tard, ayant observé, à l'Exposition universelle de 1867, la diversité des nations, il joua à l'organisation politique. Il créa trois Etats, possédant chacun son territoire, sa langue, son chef, une certaine autonomie, et ayant, en même temps, entre eux, une langue commune et un gouvernement commun. Il s'était attribué le ministère des lois ; et, par des dispositions établies à un point de vue général, non par des décrets arbitraires, il s'amusait à voir comment il pouvait faire prévaloir légalement ses volontés. Il avait confié le ministère des finances à un de ses cousins, mais il s'était réservé le ministère du crédit ; et il poursuivait les conséquences de ces données, en augmentant ou diminuant à son gré, par des émissions de papier-monnaie, la valeur des graines qui représentaient les francs et les centimes.

La nature l'avait doué d'une merveilleuse mémoire : faits, chiffres, idées, formes, mots, se gravaient aisément dans son cerveau et s'y conservaient intacts. Mais il n'aimait pas les souvenirs bruts et inertes. Il imaginait de curieuses méthodes de relier logiquement les idées entre elles, et de se les rappeler au moyen de ces rapports.

Avait-il lu un livre ? Si on lui demandait où se trouvait tel passage, il le retrouvait sans broncher, non par un souvenir immédiat, mais en feuilletant rapidement le livre, et en déterminant le point du développement auquel ce passage se rapportait.

Il disait les dates des événements, même insignifiants, avec une sûreté singulière. C'est qu'il avait dans l'esprit des cadres suffisamment complets et des associations d'idées suffisamment précises pour replacer l'événement dans son milieu.

Enfant, il rapprochait le présent du passé, les choses contemporaines des histoires qu'il lisait dans les livres. Plus tard il rapprocha le passé du présent. Les rapports liaient pour lui les choses sans les assimiler. Et comme il n'avait guère de connaissance qui ne fût rattachée à d'autres par quelque rapport logique, il lui était, en quelque sorte, loisible d'évoquer, de proche en proche, toutes ses acquisitions.

A cette intelligence, dont la puissance et le caractère scientifique éclatèrent dès l'éveil de la vie consciente, se joignait, d'ailleurs, dans le naturel d'Henri Poincaré, une sensibilité très vive, très fine, aiguisée par la pénétration de l'intelligence elle-même. Né pour la science, appelé à lui consacrer toutes ses forces, il ne s'appliqua pas à dominer cette sensibilité. Mais, de bonne heure, il eut scrupule à exprimer et produire au dehors des impressions qui lui apparaissaient comme purement personnelles et subjectives. Quel est l'objet de la parole, pour un esprit scientifique et philosophique, sinon de détacher les émotions de la conscience individuelle dont elles font partie, de les changer en objets abstraits et impersonnels, et de les faire entrer, ainsi transformées, dans le système d'idées, stable et universel, que cherche à construire l'intelligence humaine ? Le sentiment lui-même, d'ailleurs, n'éprouve-t-il pas une répugnance instinctive à s'étaler en public, à se fausser en s'exprimant, à affronter l'indifférence, la raillerie, ou la sympathie fugitive et ennuyée des autres hommes ?

****

Dans les dispositions premières d'Henri Poincaré se manifestait déjà clairement sa vocation. Sa vie toute entière ne fut autre chose que la floraison, comme spontanée, du génie qui avait pris possession de son être. Il lut, apprit, travailla, chercha, discuta, composa, professa, écrivit. Mais son activité la plus intense fut celle qui s'exerça derrière cette activité visible, dans la région en quelque sorte impersonnelle de sa pensée. Il pouvait, tandis qu'il parlait avec enjouement ou avec vivacité des événements du jour, d'art, de littérature ou des mille petites choses de la vie pratique, poursuivre, en secret, et comme à son insu, la résolution d'un problème. Parfois, dans un salon, au milieu d'une conversation où il prenait part comme tout le monde, on le voyait chercher machinalement un crayon, et griffonner quelques signes sur le premier bout de papier venu, qu'il négligeait, ensuite, d'emporter.

Comme le fond de son esprit était une sorte de perception transcendante de l'harmonie intérieure des choses, il portait naturellement intérêt à toutes les formes de l'existence, dans la nature et dans l'homme. L'une de ses premières passions fut l'histoire naturelle, notamment la paléontologie, et l'étude des rapports entre les espèces disparues et les espèces actuelles. Il fut un brillant élève de lettres, il réussit dans toutes les branches scolaires. Il ne choisit pas les mathématiques : celles-ci le prirent. Mais il ne s'y cantonna pas. Il étendit sa maîtrise des mathématiques pures à l'astronomie, à la physique. Ingénieur des Mines, il était géologue et chimiste. Il dominait les sciences expérimentales comme les sciences théoriques : il les envisageait dans leurs principes généraux, dans leurs méthodes, dans la signification de leurs résultats. Il avait un goût particulier pour l'histoire et la géographie.

Les connaissances qu'il possédait en tout domaine avaient ce caractère, de lui permettre, si l'occasion s'en présentait, d'aborder immédiatement l'étude minutieuse et scientifique d'un sujet quelconque. Lui qui avait, au plus haut degré, le sens de la vérité objective, il tenait un fait pour une chose négligeable, si l'on n'y pouvait trouver l'indice d'une loi. Il aimait à citer le mot de Carlyle : *John Lackland was there*, « Jean sans Terre a mis le pied là ». Voilà, dit Carlyle, qui fait rentrer dans l'ombre tous vos systèmes, toutes vos théories, toutes vos abstractions. Erreur, répondait Henri Poincaré. Si ce fait ne m'apprend que lui-même, il n'est rien. Faisait-on, devant lui, un exposé relatif à une science ou à une question pratique : il ne répondait que brièvement, mais, en général, il mettait le doigt sur le point faible de l'argumentation, qu'il ramenait, comme en se jouant, à deux ou trois éléments, où tout était compris. C'est ce dont fut surpris plus d'un spécialiste, dont les études n'avaient aucun rapport avec les siennes. Industrie, mécanique, littérature, grammaire, arts, politique, sciences morales et sociales, choses de la vie, rien n'échappait à sa compétence et à sa critique victorieuse. Il est étonnant avec quelle curiosité, savante et fine, il scrutait les lois du langage. Les étymologies, les transformations phonétiques, la sémantique, l'intéressaient vivement ; et il raisonnait avec précision et pénétration sur les caractères de la prononciation dans les différentes langues.

Il avait un goût très vif pour les arts, en particulier pour la musique et la peinture. Il n'y apportait pas simplement, comme à toutes choses, sa faculté merveilleuse de compréhension et de classification. Il en sentait les beautés avec une émotion qui n'avait rien de convenu, qui était à la fois très personnelle, et toute pénétrée d'intelligence. Bien qu'il ne s'abusât pas sur la possibilité d'épuiser, avec des concepts et des mots, l'explication des choses d'art, il n'eût pas cru rendre justice à une belle œuvre en se bornant à la déclarer telle au nom de je ne sais quelle mystérieuse intuition d'esthète, à l'exclusion de toute raison intellectuelle.

Nul dogmatisme, certes, dans sa pensée. Épris de perfection classique, il n'en applaudissait pas moins aux efforts et aux hardiesses des modernes. Mais il n'eût pas confondu l'originalité avec la nouveauté. Il croyait à l'existence d'harmonies réelles dans la nature des choses.

Nous faire voir, en quelque sorte, et sentir ces harmonies est l'objet de l'art, comme les définir et les démontrer est la fonction de la science. L'infinie liberté qui appartient à l'art ne saurait abolir le devoir de respecter la vérité, qui est, au fond, une avec la beauté. L'émotion que nous procurent les grandes œuvres d'art est comme une sensation de contact avec ce qu'il y a de plus profond et de plus réel dans l'être.

Comment Henri Poincaré eût-il pu considérer le beau comme purement subjectif ? N'étaient-ce pas les combinaisons des mathématiques qui lui causaient la sensation esthétique la plus intense ; et les mathématiques n'étaient-elles pas le témoin le plus sûr, et le plus riche en révélations, de cet accord du vrai et du beau au sein du principe des choses ?

Qui sait, en somme, si Henri Poincaré ne fut pas essentiellement un artiste, jouissant de la science, comme de la plus sublime des œuvres d'art, et attribuant à l'art une dignité suprême, parce qu'il le voyait plonger, à sa manière, par son mélange d'intuition et d'intelligence, jusqu'au plus profond de l'objet même de la science ?

Il aimait les lettres. Ayant rencontré, dans la classe de troisième du lycée de Nancy, l'un de ces professeurs qui, passionnés pour leur enseignement, rendent aisément toute étude attrayante et fructueuse pour leurs élèves, M. Duvaux, il fit avec amour ses thèmes et ses versions ; et, toute sa vie, il garda à son maître une chaude reconnaissance. Il conserva un sentiment semblable à son professeur de rhétorique, Hémardinquer. Il se plaisait aux détails de la forme, à l'ingéniosité des expressions, à l'harmonie et au rythme du style, à l'art de la composition. Dans ce domaine encore, il analysait et il jouissait. Il savait apprécier les plus petites choses, quand elles lui paraissaient se rattacher à une idée générale.

Il goûtait particulièrement l'analyse psychologique et morale, la peinture fidèle, précise, amusée ou amère de la vie réelle. Il lui arriva, vers l'âge de vingt-cinq ans, se trouvant loin des siens, de joindre à chacune de ses lettres quelques pages d'un roman, qu'il écrivait ainsi au jour le jour, au gré de sa fantaisie. Le ton en était plaisant, l'aventure quelconque ; mais l'observation morale y apparaissait très pénétrante. On y rencontrait, par exemple, un parallèle entre l'égoïsme maigre, envieux, triste, désagréable, et l'égoïsme gras, satisfait, bienveillant, ingénûment cruel et despotique, qui eût pu faire prévoir un romancier de profession.

En littérature comme en art, il cherchait le vrai, en même temps que le beau. Mais le vrai, pour lui, était si large, si vivant, si souple, si capable d'expressions et de nuances si diverses, qu'il se conciliait sans peine avec les plus hardies fantaisies d'une imagination vraiment esthétique. Celui qui, en littérature, méprise le vrai, ne fait pas preuve de génie et de fécondité, mais de pauvreté. Les principes de l'esthéticisme absolu sont, en réalité, de pures négations, tandis que le vrai comporte une infinie variété de formes, positives et originales.

Lorsqu'échut à Henri Poincaré la mission de louer

Sully-Prudhomme, qui fut son prédécesseur à l'Académie française, tout de suite il se trouva chez lui. Il aimait cet esprit, qui avait préludé, par l'étude des sciences, à l'analyse serrée et douloureuse des subtils mouvements de la vie intérieure. L'effort désespéré de l'artiste philosophe pour rendre, avec la mosaïque massive et discontinue des mots, l'infini mouvant et nuancé des choses de l'âme, fut excellemment apprécié par le savant profond, qui, dans la science elle-même, avait dénoncé l'invincible disproportion entre les instruments de connaissance et l'objet à connaître. Pour remplir son dessein, la science invente des méthodes d'approximations successives. La poésie, qui opère avec des sons et non avec des nombres, profite, remarque Henri Poincaré, de cette circonstance que, combinés suivant certains rapports mélodiques et rythmiques, les sons suscitent, dans notre âme, une foule d'idées et d'images concomitantes, pareilles à ces ondes sans fin, que le choc d'une pierre soulève à la surface de l'eau. Voilà comment les poésies de Sully-Prudhomme nous disent, peu à peu, à mesure que nous nous en pénétrons, plus et autre chose que ce qu'elles signifient, prises dans leur sens littéral. Les mots énoncent le fait ; le halo musical qui enveloppe leur assemblage nous fait rêver aux amours et aux harmonies mystérieuses de la vie intérieure et idéale.

Discrète et peu bruyante, la conduite d'Henri Poincaré dans la vie pratique, sociale, politique, eut le même caractère. Elle s'inspirait d'une pensée scrupuleuse, qui, avant de juger, de se décider, voulait voir, connaître, remonter aux sources, parvenir à la certitude critique. Non que toutes les questions, selon lui, pussent être résolues par la science toute seule. Il y avait, à ses yeux, une évidence propre aux choses morales, qui correspondait, sans s'y ramener, à l'évidence des choses scientifiques proprement dites.

Poincaré avait seize ans lors de la guerre de 1870 et vivait alors à Nancy. Pendant la longue durée des hostilités, on ne pouvait avoir de nouvelles que par les journaux allemands. Henri Poincaré savait fort peu d'allemand, mais il ne pouvait se résigner à ne connaître les nouvelles que par les bruits en l'air qu'on se répétait. Il se mit donc à apprendre sérieusement la langue allemande, et à étudier les journaux ; et, en fort peu de temps il arriva à les comprendre avec précision, de manière à traduire par écrit les passages importants.

Ce besoin d'aller aux sources, de voir par lui-même, contribuait à lui faire aimer les voyages. Il ne jouissait pas seulement des beautés, naturelles ou artistiques, des pays qu'il visitait, il étudiait tout ce qui les concernait ; et, comme certains géographes, il vérifiait instinctivement si les plus menus détails donnés par les livres étaient conformes à la réalité.

Officier de réserve dans l'artillerie, il s'intéressa vivement à tout ce qui concernait les canons ; et il acquit, en cette matière, une compétence particulière.

Parmi les discussions passionnées des hommes sur les questions morales ou politiques, il se montrait, en général, très calme, et on eût pu le croire indifférent. Il le demeurait, en effet, dans une certaine mesure, tant qu'il n'était pas parvenu, théoriquement, à se former une conviction. Mais, la conviction une fois dûment acquise, il publiait sans crainte ce qu'il pensait, et rien n'eût pu l'arrêter dans la déclaration de ce qu'il jugeait vrai. Il n'y avait pas, pour lui, de mot d'ordre. Etait-ce courage ? Certes ; mais c'était, avant tout, obéissance spontanée et dévouée au commandement de la vérité.

L'homme qui percevait avec cette pénétration l'harmonie de l'idéal et du réel, de la pensée et de la vie, de la forme et de l'esprit, des sciences et des lettres, possédait, éminemment, les conditions de l'art du style. Henri Poincaré fut, en effet, un écrivain. Il excella en ce domaine comme dans les autres, sans y viser, semble-t-il, à la manière de Descartes, chez qui le style n'est que la réaction de l'âme au contact du vrai.

Henri Poincaré n'eût pu admettre, dans sa manière d'écrire, les ornements qui n'expriment que la virtuosité de l'auteur, et sont sans rapport à la vérité. Mais le vrai, pour lui, n'était pas quelque chose de tout fait, d'abstrait et de mort. Ce n'était pas un objet donné, existant en dehors de nous dès l'éternité, sous une forme achevée et immuable. Le vrai que nous possédons, expression inadéquate d'une vérité cachée, à laquelle nous sommes unis bien qu'elle nous dépasse, est, pour une part, notre œuvre. Ce n'est donc pas l'altérer que de le représenter par le travail même qu'accomplit notre esprit pour le construire.

De là les caractères du style d'Henri Poincaré : la vie,

l'originalité, l'esprit, l'imprévu, la fantaisie même et la plaisanterie ; mais, sous ces dehors, qui marquent plus spécialement la réaction de la nature individuelle, un effort d'une vigueur et d'une ingéniosité singulières pour rendre la vérité dans sa pureté, dans son essence, dans ces principes ultimes qu'il suffirait, peut-être, de développer avec logique pour s'expliquer tout le détail des choses ; une élégance sévère, une concision lumineuse, une impeccable correction, ces qualités mêmes dont les mathématiciens habiles ont le secret ; en même temps, l'émotion intime de l'esprit humain, qui, tandis qu'il suit docilement la science partout où celle-ci le mène, ne cesse pourtant de se demander quelles destinées nous fait la vérité, telle qu'il l'entrevoit ; et çà et là, à peine indiquée, une sensation aiguë et poignante de quelque chose de tragique dans la condition de l'homme, de qui la pensée, qui reconnaît en soi l'être même des choses, n'apparaît, dans la nature, que comme un éclair fugitif entre deux éternités de ténèbres ; de la bonne humeur, toutefois, en général, et une acceptation tranquille de la destinée, avec une nuance d'ironie, cachant, et la conscience qu'a l'esprit de son infinie supériorité sur les choses, et ce respect religieux du vrai, qui est la condition de sa dignité souveraine.

Si un écrivain est un homme qui, dans son style, fait palpiter la vie d'une âme, comment ne proclamerions-nous pas grand écrivain celui qui, avec une rare puissance, a rendu l'émotion, non seulement d'une âme individuelle, non seulement de l'âme de sa race et de son temps,

mais, semble-t-il, de l'âme même de l'humanité, en face
des révélations de la science moderne sur la nature des
choses et sur la situation de l'homme dans l'univers ?

De ses dispositions initiales et de la vie que lui fit
la destinée résulta, chez Henri Poincaré, parvenu à la
maturité, un caractère qui, tout de suite, frappait ceux
qui le rencontraient, et qui se révélait de plus en plus
profond, à mesure qu'on le connaissait mieux. A travers
son affabilité modeste, sa complaisance à causer de tous
les sujets, même des plus futiles, son sens pratique des
réalités et des exigences de la vie, on discernait, à certains indices, tels qu'une subite brusquerie du ton, ou
un besoin inopiné d'arpenter la chambre de long en large,
ou un changement d'expression dans le regard, tourné
tout à coup vers le dedans, sans que, pourtant, il cessât
de prendre part à la conversation, que cet esprit si libre
était, en réalité, constamment occupé des problèmes
qu'il avait en tête. Il avait l'air de travailler beaucoup
moins que les autres : il travaillait beaucoup plus ; il
travaillait toujours, consciemment ou inconsciemment,
dans le sommeil comme dans la veille. Le génie n'est
pas une faculté paresseuse d'intuition immédiate : c'est
un effort paradoxal pour comprendre autre chose que
soi, pour saisir et penser la vérité sans la déformer. En
réalité, c'est l'idée elle-même, tombant, vivant et se développant au sein d'un esprit individuel comme une graine

dans un sol propice, s'appropriant toutes les forces de l'élu et faisant de lui sa chose.

Le trait dominant de cette pensée intense et infatigable était l'objectivité dans la création. Henri Poincaré s'était convaincu, par la critique de la science elle-même, que l'objectivité absolue, la connaissance adéquate des choses, nous est interdite, et est, peut-être, chose inintelligible. Mais il n'en maintenait pas moins que la science est l'orientation de l'esprit vers une conception des réalités fondamentales telle que tous les esprits s'accordent à la tenir pour vraie. Et c'étaient des notions de ce genre, des vérités impersonnelles, qu'il recherchait en toute matière. D'instinct il écartait les considérations qui n'expriment que des impressions ou des désirs subjectifs, et qui n'ajoutent pas à la connaissance. Il ne disait guère : *je*, et ne jugeait intéressant, ni pour les autres, ni pour lui-même, de raconter son moi. Pourtant il s'est prêté à des études que d'autres désiraient faire sur sa personne, et il en a fait lui-même : c'est que, se dédoublant, il cherchait les lois sous les faits, en soi comme dans les productions de la nature.

C'est à une telle disposition d'esprit qu'il devait le privilège d'être tout de suite à sa place parmi les spécialistes de n'importe quel ordre de connaissances. Non seulement il savait beaucoup, mais il savait scientifiquement. Son universalité était, non une curiosité, mais une aptitude universelle.

Plutôt voilé et incertain, en général, par l'effet d'une continuelle réflexion, son regard devenait singulièrement vif et perçant lorsqu'il développait quelque théorie. On eût dit qu'il voyait les idées, qu'il les scrutait sans merci, et en atteignait le dernier fond.

Nulle morgue, d'ailleurs, nulle affectation de supériorité chez ce grand homme. Tout entier aux choses, il n'avait pas le loisir de songer à soi. Il causait comme un homme qui, sans effort, domine son sujet, pour qui les plus compliquées et subtiles analyses et déductions sont très simples. Il s'expliquait souvent incomplètement : il ne s'apercevait pas qu'il omettait de marquer l'enchaînement des idées. Son esprit semblait procéder par vives et impétueuses saillies ; et ses auditeurs ou ses lecteurs, parfois, se demandaient s'ils avaient affaire à des raisonnements ou à des intuitions isolées. Mais lorsqu'à tête reposée et la plume à la main, on cherchait, avec méthode et persévérance, comment le point d'arrivée se reliait au point de départ, on découvrait, entre celui-ci et celui-là, une rigoureuse continuité.

Français et honnête homme, au sens que le xvıı[e] siècle donnait à ce mot, ce puissant esprit ne méprisait pas le public. Si familière que lui fût la science, il ne lui échappait pas que, si l'on en veut comprendre les démonstrations, une longue et laborieuse initiation est nécessaire. Mais il apercevait les points par où la science la plus spéciale et la plus abstruse intéresse l'intelligence, l'imagination et l'âme humaine, dans ce qu'elle a d'essentiel et de commun à tous. Et il répondait volontiers aux nombreux appels qui lui étaient adressés, non seulement au nom des savants, mais aussi au nom du grand public,

partout désireux de le voir et de l'entendre. Il parla
ainsi des sujets les plus techniques, comme des plus
hautes questions de la philosophie : de la télégraphie
sans fil et de l'infini, de la lune et de l'invention en mathématiques, de l'essence de la matière et de la valeur
des études classiques. Quel que fût le sujet traité, il
apportait, dans ces conférences, une simplicité élégante,
une familiarité humoristique, un sentiment généreux et
humain, doublés de profondeur et de hardiesse de pensée,
qui captivaient et charmaient l'auditeur, tout en lui
laissant soupçonner ce qui se cachait, pour lui, d'inaccessible derrière ces premiers plans, qu'un art aimable avait
mis à sa portée.

Henri Poincaré apparut comme un pur spéculatif : il
n'en continua pas moins, au plus fort de ses recherches
scientifiques, à vivre en secret par le cœur, non moins
que par l'intelligence. Il avait une conscience très ferme du
droit, du juste, de l'honnête. Et au fond de   ı âme lor-
raine vibrait un patriotisme simple et muet, qui est peut-
être, à de certaines époques, le plus vrai et le plus efficace.

La simplicité qui paraissait dans sa vie publique se
retrouvait naturellement dans ses relations privées. Il
était incapable d'affectation et de recherche. Comblé
d'honneurs, proclamé universellement le plus grand
savant du siècle, il était aussi accessible, il accueillait
les visiteurs avec autant d'obligeance, qu'au temps de
son entrée dans la carrière. Et, sans en parler, il rendait
service : on était informé par l'événement.

Il n'avait que des sentiments bienveillants. Son extrême pénétration, la subtilite de son esprit critique lui faisaient discerner les raisons les plus secrètes de la conduite des hommes : elles ne l'inclinaient pas à la sévérité, mais à l'indulgence. Sa raison s'accordait ainsi avec son cœur. Il eût souffert à l'idée de faire de la peine à qui que ce fût. Il éprouvait maints sentiments délicats, qu'une pudeur instinctive l'empêchait d'exprimer. Les traduire en paroles banales au moment où ils agitaient son âme lui eût été impossible ; les raconter, quand une fois ils étaient calmés, eût été substituer de la littérature à la réalité.

L'organisation de sa vie privée était déterminée par sa vocation de savant. Il simplifiait le plus possible, il résolvait promptement tous les petits problèmes de l'existence, allant droit à l'essentiel, et écartant les détails. C'est que, sans s'en rendre toujours clairement compte, il réservait ses forces pour l'œuvre à laquelle il était voué. Il n'en sut pas moins, au milieu d'une production scientifique inouïe, suivre de près le travail de ses enfants, les diriger, les instruire, avec une sollicitude constante dont rien ne l'eût pu distraire.

Pendant toute sa vie il conserva très vif le sentiment de famille qu'il avait hérité de ses parents. Son affection pour les siens était ingénue et essentielle, son dévouement absolu. Tout à la science, il était tout, pareillement, à son intérieur, où régnaient la tendresse, le calme, le travail, la modestie, la pureté et la délicatesse morales, la gaieté, le culte du devoir, l'amour des choses idéales, l'union complète des cœurs et des volontés. L'illustre savant se plaisait aux amusements des enfants, jouait avec conviction aux petits papiers ou aux devinettes, excellait aux incohérences des bouts-rimés. Il était souriant, causant, prompt à saisir l'aspect comique des choses, toujours vrai et profond, à travers ses saillies plaisantes, et très aimant, sans jamais le dire.

Il est probable qu'il avait peu de disposition à sonder, en lui-même, et à explorer, pour son propre compte, ce fond ultime de l'âme, siège de la vie spirituelle et religieuse .Car il fuyait le rêve, et ne s'attachait qu'aux problèmes qui comportent une solution. Ce serait errer, toutefois, que de se représenter Henri Poincaré comme une intelligence entièrement étrangère et indifférente aux aspirations et aux mouvements de ce cœur tendre et aimant auquel elle était jointe. Certains signes trahissaient, chez lui, une âme profondément et complètement humaine, qui agita, dans un sens pratique aussi bien que théorique, le problème de la nature des choses et de la destinée de l'homme, et qui ressentit, en ce sens, ce qu'on peut appeler l'émotion métaphysique et religieuse. Qu'étaient, en réalité et dans leur essence véritable, tous ces objets auxquels s'attachent nos sens et notre cœur, et où nous croyons trouver des motifs de vivre, de vouloir et d'aimer ? Rien, peut-être, que les innombrables et automatiques combinaisons d'une donnée insignifiante : l'unité vide et morne du mathématicien. Tout ne serait-il donc, au fond, qu'illusion et néant ? Mais regardons-y de plus près ; scrutons les conditions de ces conditions. L'ordre mathématique est, dans ses principes, harmonie et pensée ; qui sait si la nécessité qu'il présente, mais qui n'existe qu'en tant que l'esprit la pose, ne serait pas, en son essence, esprit et liberté ? Courage donc, et espérance ! Déjà la science, avec ses méthodes rigoureuses, nous transporte du monde des sens dans un monde tout autre, celui de la pensée et de la vérité. Cette vérité, à son tour, pour qui l'approfondit, ne se révèle-t-elle pas, peu à peu, beauté, justice, bonté ?

La sagesse d'Henri Poincaré ne fut pas seulement contemplative. Averti, en 1908, de l'état précaire de sa santé, il ne laissa rien paraître de l'inquiétude qui, dès cette époque, s'empara de lui. Son travail demeura aussi intense, son caractère ne fut nullement altéré. Une heure vint, pourtant, où il lui fallut se ménager, mesurer à ses forces ses multiples occupations, ses recherches, obstinément poursuivies jusqu'à la conquête de l'évidence, et ces voyages scientifiques, où il trouvait tant de glorieuses et fécondes satisfactions : sa sérénité demeura la même. Çà et là, cependant, la menace se faisait plus précise ; il y répondait en hâtant la rédaction du travail commencé, dût-il renoncer à le porter au point de perfection qu'il avait rêvé.

Quand fut jugée nécessaire l'opération aux suites de laquelle il devait succomber, il supputa tranquillement les chances de succès, et il affronta le danger avec confiance ; tel parut-il, tout au moins. Il conserva sa liberté d'esprit, son enjouement, son détachement de lui-même, son souci du bien des autres, son commerce intérieur avec la science, la philosophie, les choses idéales, jusqu'à sa dernière heure. Il s'endormit, l'âme unie avec l'éternel.

*_**

Il laisse l'une des œuvres scientifiques les plus vastes, les plus originales, les plus fécondes qu'un homme ait jamais produites.

Il a, de plus, comme philosophe, enseigné à l'humanité :

Premièrement, que la science n'est, ni ne sera jamais, une chose faite, ni explicitement, ni virtuellement.

Secondement, que, dans ses sources, elle se relie à l'art que le vrai est, au fond, harmonie et beauté.

Troisièmement, que l'esprit, sans lequel le vrai et le beau ne se conçoivent pas, est, dès lors, une réalité, vivante et efficace ; et que la justice et la bonté, qu'il porte en lui non moins que les principes du vrai et du beau, sont, au même titre que la science, et en connexion avec elle, des fins qui s'imposent à notre activité.

LÉON OLLÉ-LAPRUNE (1)

Léon Ollé-Laprune naquit à Paris le 25 juillet 1839. Il
fut élevé dans le culte des qualités de l'âme et du cœur.
On ne saurait dire si la dignité, l'affabilité, la délicatesse
et la distinction lui venaient de la naissance, de l'éducation ou de la volonté, tant elles faisaient corps avec sa
personne. Il fut initié à la foi et à la piété chrétiennes par
un enseignement très solide et des exemples très purs. La
foi, qui, chez la plupart, est comme surajoutée à la nature,
fut en quelque sorte son être même. Il n'a jamais connu
le doute ; il ne concevait le trouble de l'âme que pour
l'avoir observé chez autrui. Il trouvait en lui la foi, comme
la pensée et la vie. Elle lui était l'impression directe de
l'action de Dieu sur sa créature. Rien au monde n'eût pu
lui donner une sensation plus vive de réalité et de vérité.

Dans l'ordre intellectuel il excellait. Des études furent
très brillantes ; et, chargé de couronnes, il entra le premier à l'Ecole Normale en 1858. Il y montra tout de suite
un sérieux et une décision rares. La philosophie, à cette

<hr>

(1) Institut de France, janvier 1905.

époque, était médiocrement estimée à l'Ecole Normale. Nisard et Jacquinet, ces fins humanistes, la jugeaient peu digne d'un esprit orné. Or, Ollé-Laprune avait à peine entendu quelques leçons du professeur de philosophie qu'il venait le trouver à l'issue de sa conférence et lui disait : « Je serai philosophe ». Il est vrai que le professeur s'appelait Edme Caro. Ce brillant esprit, cet homme du monde, parlait avec accent, avec conviction en se mettant lui-même dans ce qu'il disait. Il ne construisait pas des architectures scolastiques : il avait les yeux ouverts sur la société vivante, il se jetait dans la mêlée des idées contemporaines. Il prenait à partie de vrais adversaires, des doctrines actuelles et redoutables. Il luttait pour transformer les principes en réalités. Qu'avait dit au juste Caro, dans ces premières leçons ? Ollé-Laprune, par la suite, ne s'en souvenait plus. Mais il ressentait toujours, vive et fraîche, l'impression que lui avait faite cette parole d'homme. Si la philosophie pouvait être ainsi comprise, elle devenait une chose d'importance, digne d'employer les facultés d'un homme. Elle demandait de la personnalité et du courage : Ollé-Laprune sentit, d'instinct, qu'elle lui convenait. Peu lui importaient les objections que son dessein ne pouvait manquer de susciter : il les vaincrait à force de résolution et de constance. Il courrait des risques, et serait en situation d'agir sur les esprits : nulle hésitation, donc, n'était possible.

Il suivit avec un intérêt particulier les conférences de M. Caro, et mit à profit ses directions. Il remarqua à quel point cet esprit conservateur était curieux des nouveautés, comment il entendait concilier la fixité des principes avec la satisfaction des besoins changeants de l'humanité. Il admira l'art subtil avec lequel ce conducteur d'âmes, plein de respect pour les consciences, maniait les esprits comme sans y toucher. Il parlait encore de son ancien maître avec une précision de détails et une vivacité de sentiment singulières dans la belle notice qu'il a écrite sur son enseignement pour le centenaire de l'École Normale en 1895.

Le second maître que se donna Ollé-Laprune, ce fut le Père Gratry. Il trouvait chez lui, à un degré éminent, l'analogue de ce qui l'avait séduit chez Caro. En effet, Gratry, lui aussi, écoutait avidement les voix du siècle. Rejetant l'isolement cher aux Jansénistes, il se mêlait au monde. Il montrait à la société moderne, en proie aux tempêtes, le port, le salut, dans l'Eglise et dans ses dogmes. Il préparait, au sein de cette soc. ´4 même, l'avènement de la cité divine qu'il avait entrevue, la cité dont tous les habitants s'aimaient. Sa parole était tout l'action. Simple et spontanée, elle exprimait l'élan de son âme. Elle visait à exciter la vie, non l'admiration. A travers des exagérations de langage, sa philosophie, dit Ollé-Laprune, fut profonde. Il fut, sans contredit, le grand philosophe catholique du XIXe siècle. Il se proposait de préparer un concert universel des intelligences, en particulier de rallier au christianisme les penseurs séparés. Il démontrait que rien n'aboutit, s'il est ramené à Dieu et au Christ.

De bonne heure, Ollé-Laprune remonta, de l'étude des contemporains, à la lecture des grands chrétiens catholiques de la première moitié du XIXe siècle. Il s'attacha particulièrement à Montalembert, Lacordaire, Ozanam, tous trois ouverts aux souffles nouveaux. Il fut frappé de l'attitude d'Ozanam. Ce professeur de Sorbonne ne bannissait pas de son enseignement les choses de l'âme et de la religion, comme il était enjoint de le faire dans l'école de Victor Cousin. Il appelait Dieu au secours de la société en péril. Il ne s'en tenait pas d'ailleurs à une vague religiosité. Soyons sûrs, disait-il, que l'orthodoxie est le nerf et la force de la religion. Et de son cours de littérature étrangère il faisait une véritable apologie du catholicisme. C'était en envisageant le catholicisme dans ses rapports avec la vie humaine sous toutes ses formes qu'il en démontrait l'excellence. Se reportant aux siècles barbares, il exposait comment l'Eglise avait sauvé et renouvelé la civilisation par l'action extérieure qu'elle avait exercée. Ozanam était, en perfection, un professeur et un catholique ; et les deux, chez lui, ne faisaient qu'un : il était le catholicisme installé en Sorbonne.

De tels exemples ne pouvaient manquer de faire réfléchir le jeune et vaillant professeur de philosophie. Il avait traversé brillamment les épreuves de l'agrégation des lettres, où il avait été classé le premier (1861) ; puis (1864) celles de l'agrégation de philosophie, récemment rétablie, où il avait été classé second, A. Fouillée obtenant le premier rang. Il avait enseigné avec le plus solide succès à Nice, Douai, Versailles. Il avait éprouvé et développé ses forces, mesuré sa rare capacité d'influence. Il résolut, avec la netteté de son jugement et la décision de son caractère, de les faire servir à l'œuvre précise que Dieu attendait de lui. Quelle était cette œuvre ?

A la suite d'une retraite à l'Oratoire il écrivait pour lui-même, en 1869 :

« Je m'efforcerai de faire du bien dans le monde ; je m'efforcerai de faire du bien par mon exemple, par mon influence, par ma parole, par mes écrits. Je voudrais qu'Ozanam fût mon modèle. Elève de l'Ecole Normale, universitaire en relations amicales avec mes anciens maîtres, et connu cependant comme catholique, je serais comme un trait d'union. Il y a du bien à faire dans cette situation-là. » Résolution qu'il résume ailleurs en ces termes : « Ma tâche spéciale, c'est de rendre témoignage à la vérité chrétienne dans le monde philosophique et dans l'Université ».

L'apostolat laïque auquel se vouait dès lors Ollé-Laprune n'excluait nullement, dans sa pensée, l'étude des questions théoriques. Tout au contraire, philosophe et homme de réflexion, c'était par des vues claires et approfondies sur les problèmes à résoudre qu'il entendait se rendre capable d'agir avec efficacité. Certes, la théorie et la pratique furent toujours, chez lui, intimement mêlées, puisqu'il entrait dans son dessein de les éclairer, de les fortifier, de les compléter l'une par l'autre. Et ce n'est que par abstraction que l'on peut considérer ses idées théoriques indépendamment de son action proprement dite. Mais de cette action même on donnerait une idée fausse, si l'on n'étudiait préalablement, en elle-même, la doctrine très précise qu'il se forma pour la diriger.

La question générale qui s'imposait à lui était celle des rapports de la philosophie et de la religion. A cette époque, **on** s'appliquait à les séparer. Cousin les appelait les deux sœurs immortelles, entendant par là qu'elles sont égales, et qu'elles cheminent dans le même sens sans dépendre en rien l'une de l'autre. Dans l'enseignement comme dans la vie, on prenait pour règle la maxime : « Rendez à César». On professait que la philosophie et la religion ont chacune leur domaine, et qu'elles ne gagnent ni l'une ni l'autre à franchir la barrière qui les sépare. On consentait qu'un même individu fût à la fois croyant et philosophe, mais à la condition qu'en lui le philosophe et le croyant s'ignorassent réciproquement.

Or Ollé-Laprune s'était formé l'idée précise d'un philosophe chrétien, c'est-à-dire d'un esprit rigoureusement un à travers son double attachement à la philosophie et au christianisme. Il entendait, certes, être réellement chrétien et non moins réellement philosophe ; mais il concevait entre ces deux qualités une relation interne, qui, sans les diminuer ni l'une ni l'autre, en les exaltant, au contraire, l'une par l'autre, en formerait une riche et indissoluble unité.

Un tel état d'âme était-il possible ? En pouvait-on découvrir le fondement et prouver la légitimité ?

Avant même que l'Académie eût mis au concours l'étude de la philosophie de Malebranche et provoqué ainsi le solide et brillant mémoire qu'elle avait été heureuse de couronner (1869), Ollé-Laprune se sentait attiré vers le grand oratorien. « J'ai toujours, nous dit-il, beaucoup aimé Malebranche. » Non qu'il fût séduit par les hardiesses de sa métaphysique, mais il voyait en lui un vivant exemplaire du philosophe chrétien. Malebranche est chrétien, et Malebranche est philosophe. Or l'on ne saurait, suivant la méthode chère à certains critiques, considérer séparément ces deux aspects de sa personne, sans altérer profondément sa physionomie, sans lui enlever la meilleure part de son originalité et de sa force. Le chrétien et le philosophe, en Malebranche, ne font qu'un. Au philosophe le chrétien apporte ses lumières surnaturelles ; au chrétien le philosophe offre des méthodes pour aller, autant qu'il est donné à l'homme, de la foi à l'intelligence. Philosophe chrétien : un tel caractère est possible, puisqu'il est.

Non que Malebranche en réalise l'idée parfaite. Avec les métaphysiciens et théologiens de son temps, il incline à un mysticisme outré ; il se détourne du siècle, dont il n'envisage que les misères ; il enlève à la créature la dignité de la causalité, par crainte de faire tort à la toute-puissance du créateur. Il a peur que Dieu ne voie dans l'amour que nous portons à nos semblables une diminution de l'amour que nous avons pour lui. Mais, disait excellement Ollé-Laprune, « l'amour divin se nourrit des autres amours, pourvu qu'ils soient dans l'ordre. Rien de ce qui est bon n'est opposé à Dieu, et tout ce qui est bon vient de lui d'une certaine façon. Aimer autre chose que lui, c'est l'aimer encore. » Pourquoi donc nous isoler du monde ? C'est le monde qu'il s'agit de conquérir, c'est lui qu'il faut donner à Dieu. Donc il y faut vivre et il s'y faut mêler. Malebranche, dont le style est merveilleux d'exactitude et de clarté, manque d'onction, de chaleur, d'élan. C'est qu'il a été trop exclusivement spéculatif. Il a philosophé surtout avec son intelligence. Mais le cœur, siège de la foi et de l'amour, foyer où l'âme communique avec l'être même, n'a-t-il pas, lui aussi, son rôle, dans la recherche de la vérité ?

Si l'on donnait la main aux exagérations des mystiques, on serait amené à condamner même les manifestations les plus admirables de la raison humaine. Telle, dans l'antiquité païenne, la morale d'Aristote. Cette doctrine, elle aussi, a charmé Ollé-Laprune ; et il lui a consacré un très élégant et attachant « Essai », que l'Académie couronna en 1881.

Comment, à moins d'avoir l'esprit prévenu, se refuser à reconnaître tout ce qu'il y a de sain, de vrai, d'élevé et de salutaire dans la doctrine du stagirite ? On y voit à plein, avec la dignité de la raison, l'aptitude naturelle des facultés inférieures de l'âme à se mettre d'accord avec elle pour réaliser l'idée d'une vie belle et heureuse. On y apprend à estimer le monde, l'homme, la nature, les réalités finies auxquelles nous tenons et sur lesquelles notre action s'exerce. On y connaît, en particulier, qu'au-dessus des règles abstraites de la justice légale il y l'homme de bien, dont le jugement, adaptation vivante des principes fixes aux mobiles circonstances, est seul la règle suprême du vrai en matière morale.

Et pourtant cette conception de la philosophie, elle non plus, ne peut nous contenter. En fait, elle trahit elle-même son insuffisance. Aristote veut que l'homme prétende au bonheur parfait et à la félicité divine. Il a raison. Mais alors, pourquoi resserrer l'homme, de toutes parts, dans les bornes de l'existence présente ? Il manque à cette noble et sereine philosophie de connaître les luttes intérieures, les renoncements et les sacrifices, les sentiments graves et tendres, qui émeuvent le cœur de l'homme, lorsqu'il vient à prendre une conscience vive de sa parenté avec le Dieu vivant. Il manque à la morale d'Aristote, non seulement pour nous satisfaire, mais pour aller jusqu'au bout d'elle-même, d'être pénétrée de ces idées de Providence et d'immortalité, qui s'épanouissent dans la doctrine chrétienne.

Ni mysticisme, ni naturalisme : la philosophie chrétienne doit pouvoir éviter ces deux écueils. Elle les évitera, si, pleinement chrétienne en même temps que philosophique, elle repose sur un principe qui assure la parfaite harmonie, la pénétration mutuelle de ces deux qualités. Car alors la foi chrétienne y triomphera de la pente de l'homme à se contenter de la nature ; et la philosophie, en accord avec la foi, y développera cette judicieuse estime des choses naturelles qui est certainement dans le plan de la Providence.

Y a-t-il donc un point où se touchent la philosophie et le christianisme, comme, chez Descartes, la pensée et l'être coïncident dans le *Cogito ergo sum* ?

Nous découvrirons ce point de contact, si nous portons nos regards et l'effort de notre analyse sur un problème qui, jusqu'ici, n'a pas encore été suffisamment étudié pour lui-même, celui du genre d'adhésion que nous donnons aux vérités morales. Dans sa célèbre thèse intitulée : *De la certitude morale* (1880), c'est ce problème qu'étudie Ollé-Laprune.

La certitude qui s'attache aux choses morales est proprement une expérience : c'est l'appréhension, par l'esprit, de réalités d'un certain ordre, avec le sentiment de la valeur propre à ces réalités. Cette expérience est une unité donnée, un fait, où l'analyse abstraite du philosophe pourra discerner des aspects divers, mais que l'on ne saurait assimiler à un agrégat mécanique et tenter de décomposer en éléments isolables, sans le détruire du même coup. On est certain des vérités morales, comme on se sent exister. Cette certitude a sa source dans une région plus profonde que celle des concepts de l'entendement.

Or si, par la réflexion, on en recherche la nature, on trouve qu'elle réunit, dans son unité, deux éléments logiquement distincts : d'une part, des vérités, immuables eté indépendante de notre esprit, comme toute vérité ; d'autre part, un consentement de notre volonté, qui, pour être infiniment raisonnable, n'en demeure pas moins toujours libre, et sans lequel la vérité, bien que présente, n'est pas aperçue ou ne l'est que confusément, n'est pas embrassée, n'est pas efficace, est, pour nous, comme si elle n'était pas. Ξὺν ὅλῃ τῇ ψυχῇ εἰς τἀγαθόν : Cette parole de Platon est la clef de la certitude morale.

Dans cette certitude est enveloppé, avec une connaissance qui, malgré tous nos efforts, reste toujours incomplète, un assentiment de la volonté libre ; et cet assentiment, si l'on y prend garde, suppose la pratique même du bien et de la bonne volonté, et ne peut trouver sa raison dernière que dans la confiance à une autorité infaillible. Qu'est-ce à dire, sinon que dans la certitude morale est impliquée, avec une opération propre de l'intelligence, la foi elle-même, au sens précis et théologique du mot ?

Et ces deux éléments sont inséparables. Isolés l'un de l'autre, et simplement rapprochés, ils ne peuvent rien. Ils n'existent véritablement et ne font leur effet qu'informés et déterminés l'un par l'autre, à peu près comme, dans un être vivant, un organe n'est ce qu'il est que par sa relation avec les autres organes.

De ce principe résulte la légitimité d'une philosophie chrétienne. Il est juste de penser en chrétien en même temps qu'en philosophe, si, dans un fait capital et présupposé par tous ceux qu'étudie la philosophie, tel que la certitude des vérités morales, foi et intelligence sont indissolublement unies. Bien plus, la philosophie chrétienne est le seul mode de philosopher qui soit légitime. Quels sont, en effet, les problèmes ultimes de la philosophie, ceux qu'elle ne peut décliner sans se renier et s'abolir elle-même ? Ce sont les problèmes relatifs à notre origine et à notre destinée. Mais il est trop clair que, sans l'aide de la foi, elle ne peut espérer de les résoudre ; et la foi par excellence, celle qui est, en perfection, lumière et certitude, c'est la foi chrétienne. Sans le christianisme, la philosophie est une curiosité indiscrète et contradictoire ; avec le christianisme, c'est une noble occupation de l'intelligence.

L'idée d'une saine philosophie se trouve déterminée par là. Toute philosophie qui prétend se suffire, toute philosophie séparée du christianisme est illégitime. En particulier doit-on rejeter ce rationalisme contemporain, qui, non content de s'appuyer sur la raison, n'admet d'autre principe que cette raison même, et affecte de se désintéresser des choses du cœur et de la religion. En ces matières, on n'est compétent que si l'on cherche avec tout son être, avec ses facultés pratiques aussi bien qu'avec ses facultés spéculatives, si l'on unit en un faisceau indissoluble toutes les forces dont l'homme dispose. Réciproquement, la vérité ne se découvre à nous que si nous visons, non une portion ou une face de la vérité, mais la vérité totale et parfaite ; car la vérité est telle, qu'il est impossible de la diviser sans la détruire. Il y a ainsi, entre la vérité intégrale et l'âme prise dans son unité vivante, une harmonie secrète et comme une destination mutuelle ; et l'on ne peut méconnaître cette loi profonde sans ressentir une incurable tristesse, où il faut voir un signe et un avertissement. C'est ce qu'éprouva le grave et noble Jouffroy, qui cherchait sincèrement la vérité, mais qui refusa jusqu'au bout de la chercher autrement que par sa raison seule. Dans une pénétrante étude, publiée en 1899 par une main pieuse, Ollé-Laprune nous montre Jouffroy frappé d'une incurable mélancolie et d'une stérilité invincible, parce qu'il refuse de soumettre sa raison à ce christianisme, dont pourtant il sent de plus en plus qu'il ne peut se passer.

Donc la philosophie est vaine et funeste, si elle prétend

entrer en concurrence avec la religion, et s'en faire l'équivalent ou le substitut. La partie ne peut être l'égale du tout ; ou plutôt, car ce tout est une vivante unité et est tout entier ou n'est pas, l'incompl t, l'imparfait, l'ébauche ne peut s'égaler à l'œuvre achevée. Le rapport de la philosophie à la religion est quelque chose comme le rapport de la matière à la forme, de la puissance à l'acte dans la philosophie d'Aristote. La matière a en soi une disposition à réaliser la forme. Mais cette disposition ne peut passer à l'acte que sous l'influence de cette forme même, déjà réalisée dans un être supérieur. Le monde désire Dieu. Mais c'est seulement sous l'action de Dieu que ce désir peut devenir un réel mouvement vers lui.

La philosophie suppose la foi. Elle est d'autant plus capable d'aller loin et haut que cette foi est plus forte et plus pleine ; et elle réalise son dessein autant qu'il est donné à l'homme, là où la foi est, en quelque sorte, consubstantielle à l'âme. La perfection n'est pas d'aller à la certitude par le doute, à la lumière par les ténèbres, mais, au contraire, n'ayant jamais connu le doute, de chercher la lumière avec la lumière.

Foi, lumière, vérité, Dieu, christianisme, catholicisme, ne sont d'ailleurs pas, pour l'homme, des choses extérieures et étrangères ; et le même principe qui nous montre la vanité d'une philosophie fondée sur la raison seule, nous révèle le rapport de la religion chrétienne à notre nature. A la racine de notre certitude morale se trouve la foi même dont la religion entière n'est que le développement. Le christianisme a donc avec notre âme une affinité secrète. Il n'est pas seulement vrai en soi, démontrable par ses qualités intrinsèques : il est la vérité qu'il nous faut, celle à laquelle nous aspirons à notre insu quand nous cherchons de bonne foi la satisfaction de notre raison, celle que, sitôt que nous la possédons, nous reconnaissons pour notre bien, pour l'achèvement logique de notre être. Homme, j'ai en moi des puissances qui ne se réalisent que par mon union avec Dieu. Je ne puis être vraiment et pleinement homme que par le Christ et dans le Christ. Si donc la philosophie est incomplète, fausse et funeste, qui prétend se passer de Dieu, la religion, de son côté, se plie, en quelque sorte, à nos besoins et à nos tendances. Le christianisme, c'est Dieu se faisant homme pour que l'homme se fasse Dieu. Sa manière de nous prouver son excellence, c'est de remplir le vœu de notre nature.

Le christianisme apporte à la raison humaine la règle extérieure dont celle-ci a besoin pour assurer sa croyance. Le pape, docteur universel, chef, non impeccable, mais infaillible, maître des esprits et des âmes, autorité parlante par excellence, réalise, et réalise seul, le postulat du stagirite, qui voulait qu'en l'homme de bien, et en lui seul, résidât la mesure et la règle ultime de la vertu.

Le christianisme convient aux sociétés humaines. Il leur offre, dans l'Eglise catholique, une doctrine et un gouvernement. Il a des ressources pour tous leurs besoins, des directions pour tous leurs efforts, des remèdes pour tous leurs maux. Il a le secret de la paix dans la vie, du progrès dans la fixité. Il possède une vertu sociale incomparable.

Toute l'histoire de l'humanité en est la preuve. Le christianisme y apparaît comme l'aboutissant de la civilisation antique et la source de la civilisation moderne.

Le christianisme est salutaire, donc il est vrai.

Tels sont les points essentiels de la doctrine d'Ollé-Laprune, en tant que, pour en prendre une idée précise, on la détache artificiellement de sa vie pratique. Cette vie elle-même obéissait à des maximes très méditées, qu'en plusieurs de ses ouvrages, *La philosophie et le temps présent* (1890), *Les sources de la paix intellectuelle* (1892), *Le prix de la vie* (1894), Ollé-Laprune a exposées avec développement. Il avait une théorie de la pratique.

La première condition, selon lui, de l'action et de l'influence, c'est l'exercice personnel des vertus que l'on se propose d'inculquer aux autres. A vrai dire, on n'acquiert que par ce moyen la science même et la compétence. Seul l'homme de bien connaît le bien. Pratiquer et professer la religion est le seul moyen d'en avoir l'expérience, sans quoi la religion ne se peut connaître. La piété est ainsi le titre, le droit et la force de l'apôtre. C'est en priant qu'il obtient, et la disposition convenable, et le concours divin.

Comment l'homme compétent présentera-t-il la vérité ? Plusieurs jugent habile d'user d'atténuations, au moins en commençant, et de réduire d'abord la doctrine à des propositions banales, communément admises. Ils pensent qu'on les écoutera plus volontiers s'ils évitent de choquer les préjugés, s'ils ajournent les questions qui divisent et les précisions qui offusquent. Et ils cherchent, entre l'erreur et la vérité, des moyens-termes et des compromis. Méthode aussi stérile que pusillanime ! Ce n'est pas, nous dit Aristote, l'indéterminé, l'informe, la matière ployable en tout sens qui possède l'efficace, c'est la forme, c'est l'acte, c'est l'achevé. La force de réalisation est proportionnelle à la perfection ; et ainsi c'est à la vérité intégrale, et à elle seule, que l'empire appartient.

Il faut donc d'abord déployer son drapeau, dire hardiment, sans réticence, tout ce qu'on veut faire, être franc, être hardi, être brave. Au fond, il n'y a que deux modes de penser : le mode chrétien et le mode antichrétien. Il faut mettre les hommes en demeure d'opter pour celui-ci ou pour celui-là. Toute solution intermédiaire, étant vague ou contradictoire, laisse dans l'âme un état d'équilibre instable : il n'y a de claires, de logiques, de franches et définitives que les solutions extrêmes.

Est-ce à dire que l'homme qui possède la vérité absolue pratiquera, à l'égard de ceux qui se complaisent dans la vérité incomplète, c'est-à-dire dans l'erreur, un système d'intolérance et d'exclusion ? Il maintiendra, certes, que la vérité intégrale est la seule qui sauve. Sous cette réserve, il accueillera les incomplets, il ira vers eux, pour développer les germes de vérité qui, malgré tout, sommeillent dans leur âme, comme « l'amour, quand il est pitié, quand il est bonté », va vers ce qui n'est qu'en puissance, « va vers ce qui n'est pas », comme « la bonté créatrice et souveraine a aimé 'e néant pour lui donner l'être » (1893).

Et il se portera vers les volontés et les cœurs, plus en-

core que vers les intelligences. Car il sait que la connaissance morale est avant tout sentiment, pratique, foi, expérience personnelle. Il conversera avec les hommes d'âme
à âme, cherchant moins à démontrer des théorèmes qu'à
communiquer la vie.

Son caractère même sera celui qui convient à sa mission.
« Portant en soi, dit Ollé-Laprune dans *Le prix de la
vie* (1894), et la nature humaine et ce qui s'y ajoute, mais
qui, en s'y ajoutant, s'y adapte, le chrétien ne rejette
rien, ne méprise rien, ne hait rien de ce qui est humain,
comme tel ; et, par suite, il est à la fois le plus accommo-
dant et le plus intraitable des hommes. Jamais, ayant
affaire à un principe, il ne transige ; et alors, ce n'est pas
seulement sa foi chrétienne, c'est sa raison, c'est sa conscience, c'est son honneur même qui le trouvent inébran-
lablement résolu à la maintenir envers et contre tous : il
a, dans ce respect et dans cette fidélité pour tout ce qui
est vrai, bon, honnête, juste, sacré, toutes les délicatesses,
toutes les jalousies, si je puis dire, et toutes les audaces.
Son énergie est indomptable. Mais là où les principes ne
sont point en cause, il est facile ; et, d'ailleurs, pour les
hommes, il a tous les égards possibles, même toutes les
indulgences : n'a-t-il pas, de sa faiblesse propre, le sentiment le plus profond ? Cette humilité intime le rend
clairvoyant, juste, bon ; et, par respect pour la vérité, par
esprit de justice, par charité, il tâche de comprendre les
autres, de comprendre jusqu'à leurs erreurs et leurs fautes;
et, sachant condamner le faux et le mal, il n'est jamais,
pour les personnes, ni méprisant ni amer. »

Ces préceptes, qui conviennent indistinctement à tous les temps et à tous les lieux, en appellent d'autres. Car, pour être sûr d'exercer de l'influence, il faut prendre les hommes précisément tels qu'ils sont au moment et dans la société où l'on doit agir. Il est vain de déplorer les changements survenus et de se bercer de l'éloge du passé. L'homme d'action ne cherche dans le passé que des exemples et des enseignements . son point de départ est le présent, et tous ses soins tendent à l'avenir. Il s'appliquera donc à discerner l'esprit de son temps, afin d'y ajuster sa conduite. C'est ce qu'a fait Ollé-Laprune, notamment dans *La philosophie et le temps présent* (1890) et dans *La vie intellectuelle du catholicisme en France au XIXe siècle* (1896).

La société est malade, très malade. Elle est fascinée par trois objets, en qui elle voit les conquêtes de l'esprit moderne ; et de chacun d'eux elle fait un usage abusif et funeste. C'est d'abord la science. Au nom de la science, on prétend abolir les ambitions supraterrestres de l'humanité, on se complaît à réduire le moral aux proportions du physique et du matériel. C'est ensuite la justice sociale : on veut qu'elle commande l'égalité et l'uniformité absolues, l'accaparement de tous les droits, même spirituels, par l'Etat, la limitation à outrance de l'initiative privée. C'est enfin la liberté : on prétend qu'elle soit inviolable par elle-même ; que l'erreur même ait des droits ; qu'il soit illégitime de restreindre la liberté pour la protéger contre ses propres excès. On n'est pas loin de traiter de chimère et de danger toute réunion, dans les mêmes mains, de la puissance sprirituelle et de la puissance temporelle ; et l'on va méconnaissant toujours davantage le prix et le droit souverain de la vérité. Et l'état de choses troublé et transitoire qu'engendrent ces aberrations, on tend à en faire l'idéal même de la société, s'ôtant ainsi le moyen de guérir, puisqu'on se persuade que la maladie est la santé. Ainsi se détendent, chaque jour davantage, les liens sociaux, et, à grands pas, les hommes marchent vers la dissolution et l'anarchie.

A ces courants impétueux les spéculations de nos philosophes n'opposent que de fragiles barrières. Les uns, rapprochant outre mesure la philosophie et l'art, s'amusent à un dilettantisme élégant et stérile. D'autres prétendent confiner l'esprit dans une philosophie dite scientifique, à laquelle la plupart des problèmes philosophiques restent inaccessibles. Quelques-uns proposent à la philosophie, comme un refuge où la science positive ne pourra l'atteindre, une sorte de foi très vague, sans objet déterminé, sans relation précise avec la religion positive. Incertitude, étroitesse, contradiction, aveu d'incompétence, impuissance : tels sont les traits de la philosophie actuelle.

Quel est le remède ? La chose n'est pas douteuse. Ce qui manque à cette philosophie, ce qui manque à cette société, c'est le christianisme, forme parfaite et règle nécessaire de la science, de la justice sociale, de la liberté ; terme et lumière de la philosophie. Toutes ces puissances sont bonnes, à condition qu'elles soient rattachées à leur principe, vivifiées et gouvernées par lui : séparées, isolées, prises elles-mêmes pour des principes, elles sont l'incomplet et le faux, et elles n'engendrent que le mal. Il est vrai qu'en fait la société présente consent encore à garder un christianisme timide, mutilé, réduit à la direction de la vie intérieure. Mais un tel christianisme n'est guère plus apte à procurer le bien social que la philosophie séparée n'est capable d'aller à la vérité. Il faut, pour que le christianisme possède sa vertu, qu'il soit véritablement, c'est-à-dire qu'il soit pris dans toute sa compréhension, dans son unité indécomposable.

Le remède donc, selon Ollé-Laprune, c'est le christianisme vrai, le catholicisme intégral. Il s'agit de rechristianiser, en ce sens, les esprits et les âmes, et par eux, les mœurs et les institutions. Ce que demande le mal actuel, c'est que nous rompions avec ce faux principe, que le christianisme doit s'enfermer dans le sanctuaire de la conscience, qu'il est interdit à la religion de gouverner les relations extérieures des hommes, la vie publique et les sociétés. Le christianisme est la vérité, et la vérité a droit sur tout. Le bien est, de sa nature, rayonnement et expansion : *Bonum diffusivum sui*. Il faut susciter à nouveau cette expansion, sans laquelle le bien n'est qu'un mot. Notre devise doit être : Tout prendre, pour tout donner à Dieu.

Dur labeur, mais dont le siècle lui-même commence à comprendre la nécessité. A qui contemple le cours des choses au XIXᵉ siècle, et en particulier de nos jours, les motifs d'espoirs ne manquent pas.

La caractéristique du XIXᵉ siècle, c'est l'effort pour remonter, par dessus le XVIIIᵉ et même le XVIIᵉ siècle, jusqu'au christianisme du Moyen Age et des origines, lequel, certes, connaissait la vie intérieure, mais luttait, mais agissait, d'une action extérieure et sociale.

Le XIXᵉ siècle nous a appris à distinguer la liberté d'avec le libéralisme doctrinal, et à condamner celui-ci, tout en reconnaissant la valeur de celle-là. Le libéralisme, qui veut que la liberté soit respectable comme liberté, n'est qu'une forme de naturalisme. Le XIXᵉ siècle a, de même, démasqué le rationalisme, qui se prétend le triomphe de la raison, et n'est, en effet, que la démonstration de son impuissance.

Et déjà s'ébauche cette philosophie de l'avenir, qui, appuyée sur le christianisme, sera à la fois très ouverte aux idées nouvelles et très ferme dans ses principes, et qui possédera vraiment la puissance de faire la synthèse des sciences, des arts, et de toutes les productions de l'intelligence, ainsi que d'unir les esprits sans les enchaîner. De cette philosophie, nous apercevons dès maintenant quelques linéaments. Gratry en a esquissé plusieurs parties, Caro l'a préparée par sa très actuelle défense du spiritualisme.

D'autre part, les romanciers, les interprètes de la société elle-même nous montrent, de divers côtés, le libre-penseur, l'homme qui se croyait établi dans la négation, s'humiliant, s'inclinant devant le mystère impénétrable de la destinée, et sentant lui revenir au cœur la prière de sa lointaine enfance : « Notre Père qui êtes aux cieux ! » Rome attire les esprits soucieux des destinées du monde. Ils se rendent compte que là est la lumière, là l'autorité, la puissance, la vie, les promesses de Dieu même. Et, précisément, sur le siège de Saint-Pierre est assis un pape qui est un grand homme, qui a toutes les vertus d'un saint, et qui comprend merveilleusement son temps. Et ce pape se propose de sauver les âmes et les nations ; et, dans ce dessein, acceptant le régime sous lequel il leur plaît de vivre, il travaille à les ramener aux principes chrétiens. Et le rôle de ce pape, son influence, son prestige font de son règne l'un des plus grands qu'ait enregistrés l'histoire.

Courage donc ! car voici que se renouvelle l'antique prophétie rapportée par Tacite et Suétone. Les successeurs des hommes partis de la Judée vont reconquérir le monde. « Une rumeur court : la pensée moderne retourne au Christ, et le Christ va reprendre l'empire ».

Ollé-Laprune a étudié, sous ses différentes faces, le problème des conditions de l'action. Il ne l'a pas étudié en dilettante, mais en homme qui agissait lui-même ; et c'est à peine changer de sujet que de considérer maintenant son action proprement dite. A vrai dire, toutes ses paroles, tous ses écrits, toutes ses pensées, étaient des actions. Ainsi le voulait la nature de sa foi, la disposition de son esprit, la tâche à laquelle il s'était voué.

Il imprima avant tout ce caractère à son enseignement de l'Ecole Normale et à sa vie universitaire.

Ce qu'il fut comme professeur, je l'ai compris par moi-même dans les charmantes causeries que j'eus maintes fois avec lui, tandis que nous servions ensemble à l'Ecole Normale. Sa conscience professionnelle, son impartialité, sa justice sévère et délicate, son attachement et son dévouement à nos élèves, j'en ai recueilli l'expression très vive dans sa parole aussi franche et limpide que gracieuse et captivante. Nous savons par les récits des témoins à quel point ces qualités exerçaient, principalement sur ceux qui étaient préparés à la recevoir, une influence profonde et vivifiante. Il ne parlait pas comme les scribes, pour qui la vérité n'est qu'une collection de textes et de formules ; il parlait avec l'autorité d'un homme qui puise à la source vive de toute vérité. Il parlait avec son cœur comme avec son intelligence, avec tout lui-même ; et son sens hellénique de la forme n'empêchait pas que l'on ne perçût, dans l'accent discret de sa voix, l'émotion intime qui animait sa réflexion. Il n'admettait pas que la philosophie fut un ajustement d'abstractions. Pour lui, c'était plus qu'une étude de la vie, c'était une vie.

Il s'appliquait à entrer dans la pensée de ses élèves ; et l'attention sympathique et pénétrante avec laquelle il écoutait leurs expositions leur a laissé un souvenir particulièrement reconnaissant. Après qu'on avait consacré de longues heures à élaborer ses idées, on éprouvait une surprise admirative à voir Ollé-Laprune mettre tout de suite le doigt sur le point faible, signaler les défauts avec une verve aimable et spirituelle, et construire, comme en se jouant, la leçon qu'on avait rêvée.

Il n'avait pas seulement affaire aux idées, il cherchait et il atteignait l'homme. Car enseigner, pour lui, c'était proprement exercer une action sur les esprits, sur les âmes. A un de ses élèves qui, touché et comme étonné de ses infinies prévenances, lui avait demandé : qui donc suis-je pour vous ? « Oh ! répondait-il, ce que vous êtes pour moi, mon cher ami : vous êtes une âme en qui j'ai pleine confiance, une âme et un esprit où j'entre à mon aise, avec joie ; et vraiment je trouve en vous, qui êtes, dans toute la force du terme, un ami, la joie d'aimer cordialement une âme et d'en être aimé. »

Cette direction, il la continuait dans son grand cabinet hospitalier de la place Saint-Sulpice. Il y éclairait et fortifiait les intelligences et les cœurs, avec discrétion, mais avec puissance. Même quand il ne faisait presque rien, ce quasi-rien était fécond.

Il resta jalousement fidèle à l'Université. En vain, à plusieurs reprises, reçut-il des Instituts catholiques les offres les plus séduisantes. Il eut cru manquer à un devoir en désertant ce qui lui apparaissait, à certains égards, comme un poste de combat, pour une situation, plus douce peut-être, mais où il y avait moins de bien à faire. Où Dieu l'avait mis, il restait.

Il ne songeait pas à sa tranquillité. Cherchant le salut de la société dans la restauration de l'influence, non seulement morale, mais sociale et publique, du christianisme, il ne jugeait pas qu'il fût quitte envers la vérité en la confessant discrètement dans la studieuse retraite de la rue d'Ulm. Il revendiquait, comme citoyen, le droit d'exercer une action extérieure conformé à ses croyances. Or, comme il se trouvait, le 16 octobre 1882, à Bagnères-de-Bigorre, il arriva que les Carmes furent expulsés de cette ville, en exécution des décrets Ferry. Ollé-Laprune apposa sa signature sur un procès-verbal de protestation, sans, d'ailleurs, y ajouter son titre de professeur, entendant simplement exercer sa liberté d'homme privé et de citoyen. Il s'attendait, dit-il, à être frappé. Il fut suspendu pour un an, son traitement lui étant maintenu. L'effet d'une telle mesure était d'exclure l'appel devant le Conseil supérieur de l'Instruction publique. On sait qu'élèves et collègues estimèrent que la liberté du citoyen avait été atteinte dans la personne du loyal professeur. Une adresse de sympathie et de regret, rédigée par Jaurès, lui fut remise au nom des élèves ; et Ernest Havet, agissant comme président de l'Association des anciens élèves de l'Ecole Normale fit applaudir, deux années de suite, à propos du don que le professeur fit de son traitement à la caisse de secours de l'Association, « le nom aimé de Ollé-Laprune ».

Cet acte montrait assez qu'Ollé-Laprune pratiquait avec calme, mais sans crainte, sa maxime *Bonum diffusivum sui.* Quand des occasions se présentèrent de témoigner de sa foi publiquement et d'exercer une action proprement sociale, il ne les déclina pas.

En 1892, comme un jeune et généreux écrivain, dans un opuscule sur l'union morale, avait cru pouvoir proposer comme terrain d'entente entre les hommes, avec la résolution d'écarter ce qui divise, la bonne volonté commune et le commun effort pour diminuer les misères humaines, Ollé-Laprune intervint avec sa décision, et consacra un vigoureux ouvrage : *Les sources de la paix intellectuelle* (1892), à démontrer que la paix véritable ne saurait être obtenue par l'effacement des idées et des personnes, mais seulement par l'action des caractères les plus fermes s'appuyant sur la doctrine la plus précise et la plus complète. L'action morale et sociale peut être un point de départ pour les non-croyants : pour le chrétien elle est une conséquence et un résultat, elle suppose la possession et l'affirmation de la vérité totale. Le catholicisme intégral, seul capable de régénérer les esprits et les âmes, ne peut descendre sur le terrain de conciliation proposé par le jeune écrivain : il n'admet les incomplets que s'ils reconnaissent leur indigence et aspirent à posséder la vérité parfaite.

Au commencement de 1895, se trouvant à Rome avec sa famille, Ollé-Laprune obtint du pape Léon XIII une audience privée. Il médita sur les paroles qu'il avait recueillies de la bouche du Saint-Père, et publia dans la *Quinzaine* un article intitulé : « Ce qu'on va chercher à Rome ». Il y expose que Rome seule a les paroles de la vie éternelle, et que, si nous voulons sérieusement le salut de la société, nous devons laisser le pape lier et délier selon sa sagesse et ses lumières, suivant docilement quant à nous, en toutes choses, ses directions et ses avis. Ecrit dans un style d'une lucidité, d'une fermeté et d'une rapidité singulières, simple jusqu'à la familiarité, d'une éloquence sobre et vive, qui frappe l'entendement et la volonté plus que l'imagination, cet article eut un retentissement considérable. Enfin on voyait clairement que, selon une parole relevée par Ollé-Laprune lui-même, le pape actuel était le législateur, non de la piété, mais de l'humanité ; qu'il intervenait, avec autorité et puissance, dans la vie des sociétés et dans les affaires des Etats. Eloges, défiances, félicitation, colères, approbations, remerciements enthousiastes : rien ne manqua de ce qui atteste l'importance d'une œuvre ; et nombreux furent ceux qui, avec les jeunes clercs du séminaire français de Rome, saluèrent en Ollé-Laprune « un apôtre dont le nom brillait, parmi les plus purs, dans les plus hautes régions de la pensée contemporaine ».

Vers la même époque, invité, au nom du Comité de défense et de progrès social, à parler dans une salle ouverte, devant un auditoire très démonstratif, il choisit pour sujet : « La responsabilité de chacun devant le mal social » ; et il exposa, d'abord, que, tout avoir créant un devoir, la richesse n'est autre chose qu'une fonction sociale ; ensuite, que la solution des questions sociales n'est possible que par le raffermissement des esprits et des âmes, lequel suppose que petits et grands, riches et pauvres, tous, sans distinction, sauront prendre parti pour la vérité, pour le bien, pour Dieu. Sa parole, nette et ferme sans être provocante, fut hachée par de continuelles interruptions, facétieuses ou brutales, souvent tumultueuses, auxquelles, s'opposaient d'ailleurs de chaleureux applaudissements. Rien ne dérangea l'orateur de sa marche calme et sûre. Il dit précisément tout ce qu'il voulait dire, dans l'ordre et avec les développements qu'il avait prémédités ; et allant, selon son principe, jusqu'au bout de sa pensée, il conclut : Il faut savoir prendre part. Ou vous êtes des chrétiens, ou vous n'en êtes pas. Si vous êtes chrétiens, comment, ayant entre vos mains le trésor de la doctrine catholique, pourriez-vous, socialement, n'en rien faire ? Si vous n'êtes pas chrétiens, vous avez le devoir de regarder ; et, constatant que, depuis que le christianisme existe, les sociétés ne se passent pas du Christ, vous avez le devoir d'étudier et de mettre à profit la vertu raffermissante, la vertu régénératrice, la vertu sociale du Christianisme et de l'Eglise (15 mars 1895).

Il parla avec la même vaillance le 20 mars 1896, à Lyon, sur l'invitation des Unions de la paix sociale et du recteur des Facultés catholiques. Il lui plaisait que sa présence parmi les membres de ces Facultés fût la déclaration et l'usage d'une liberté légitime. Il traita de la virilité intellectuelle. Il exposa en philosophe l'utilité et le danger des formules, les droits de l'esprit, qui demeurent imprescriptibles, même en présence des symboles les plus vénérables. C'est faire acte de virilité intellectuelle que de briser toute formule, pour voir ce qu'elle contient. Dans les plus vraies on trouvera des obscurités et des lacunes persistantes, dans les plus fausses on surprendra une âme de vérité. Il termine en disant que la marque précise de la virilité intellectuelle, c'est de savoir conclure. Or, pour conclure, il faut recueillir avec respect la vérité, si défigurée soit-elle, sur les lèvres des hommes qui n'en comprennent pas toute la portée, et la rétablir ensuite sous sa forme propre et complète, selon ce grand principe, que, seule, est efficace, unifiante, pacifiante, la vérité totale, énergiquement affirmée.

Ce fut encore un acte que le vigoureux article : « Attention et courage », qu'il publia, à la fin d'octobre 1897, dans

le *Patriote des Pyrénées*, et où, constatant que l'œuvre
de déchristianisation de la société se poursuit, et avec
succès, au nom de la science et de la critique, il exhorte
les chrétiens à transformer la science et la critique même
en moyens de défense et de triomphe pour l'Eglise.

L'action d'Ollé-Laprune ne s'exerça pas uniquement
dans l'Université et dans le monde. Sans être théologien,
il avait des lumières peu communes sur les principes et
les doctrines spéciales de la religion. Dans son livre
sur Malebranche, il avait opposé saint Thomas à l'oratorien rationaliste. Dans sa thèse sur la certitude, il
avait touché à la question de la nature et des conditions
de la foi. Il avait réfléchi sur les moyens les plus efficaces
de démontrer aux incroyants la vérité du christianisme, et
il avait trouvé que l'un des meilleurs devait être de faire
ressortir l'harmonie merveilleuse qui se découvre entre le'
christianisme et le fonds inné dont nul homme, si loin
qu'il pousse le scepticisme, ne saurait se défaire, à savoir
l'humanité elle-même, avec ses besoins intellectuels et
pratiques, individuels et sociaux. Il s'appliqua à montrer,
dans l'histoire et dans la vie, la religion répondant, en
quelque sorte, à l'appel de l'homme, dont la nature, déjà,
est chrétienne en puissance.

Par là, sans le chercher, il exerça une remarquable influence sur l'action religieuse dans la société, et sur l'apologétique elle-même. Il suggérait une apologétique vivante et pratique, moins jalouse de convaincre ceux qui
croient déjà, que d'avoir prise sur ceux qui, ne croyant pas,
veulent faire jusqu'au bout leur métier d'homme. Mé-

thode qui rappelait celle de Descartes, fondant la certitude, non sur les principes de l'être, mais sur l'attitude intellectuelle du sceptique lui-même. On sait qu'une sorte de conflit s'éleva, de nos jours, entre l'apologétique traditionnelle et l'apologétique dite nouvelle : la première tirant ses raisons de la possibilité et du fait de la révélation divine, rationnellement démontrés ; la seconde mettant au premier rang les raisons morales, les besoins essentielles et les tendances supérieures de l'âme. Et cette seconde méthode elle-même, poussée plus avant, devint, chez un distingué disciple, un effort pour démontrer que le surnaturel est postulé par la pensée et l'action naturelles elles-mêmes, pourvu que cette pensée aille jusqu'au terme de sa réflexion, cette action jusqu'au terme de son effort. C'est ce qu'on appela la méthode d'immanence. Or, si Ollé-Laprune n'a pas professé expressément des dernières méthodes dans leur forme actuelle, c'est sous son influence qu'elles se sont constituées. Et, en effet, ce sont là des méthodes proprement humaines et actives, très conformes à l'esprit d'une philosophie qui, dans notre certitude naturelle des vérités morales, démêlait un premier rudiment de la foi religieuse.

Cette compétence spéciale fit appeler Ollé-Laprune, non seulement à la société de Saint-Thomas d'Aquin, où la théologie marche de pair avec la philosophie, non seulement au collège de Juilly, où l'éducation, donnée dans un si haut esprit de spiritualité morale, par les héritiers de Malebranche et du P. Gratry, s'adressait à la jeunesse laïque, mais au séminaire de Saint-Sulpice (19 juin 1895)

et au grand séminaire de Chartres (août 1897). Aux prê-
tres comme aux laïques Ollé-Laprune recommande de
vivre dans le monde, de l'étudier, de le comprendre, de
connaître leur temps et d'en apprécier les mérites, pour
se rendre capables d'y insérer leur action. D'autre part, il
les mettait en garde, eux aussi, contre toutes les formes
du christianisme incomplet, leur rappelant que, seule, la
vérité totale unit vétritablement ; que la virilité, la résolution, la crânerie sont les marques de l'homme d'action ;
que, de toutes les libertés légales, il faut savoir user ; que
les libertés nécessaires et naturelles, il faut savoir les prendre; que le chrétien, devant Dieu, se met ventre à terre,
mais que devant les hommes il marche partout la tête haute.

Cette noble vie était exempte d'ambition terrestre.
Maître de conférences à l'Ecole Normale, orateur écouté
partout où il se faisait entendre, Ollé-Laprune possédait
ce qu'il avait désiré : un large champ d'action, où combattre pour la vérité. Pourtant, il est un honneur qu'il
souhaita, et ce fut le titre de membre de l'Académie des
Sciences morales et politiques. Il ne le rechercha pas comme
une récompense de ses travaux, comme un hommage
rendu à son talent. Dans cette démarche, comme dans
toutes les autres, il avait en vue le règne de Dieu ; il ne
songeait qu'à rehausser d'un imposant prestige l'autorité
que lui donnaient déjà sa situation et sa valeur personnelle.
Aussi refusa-t-il de se tourner vers la Section de morale,
comme le lui conseillaient quelques amis. C'est à titre de
philosophe chrétien qu'il voulait être agréé. Il persista à
se présenter, en cette qualité, à la Section de philosophie ;

et il y fut élu le 13 décembre 1897. Il s'en réjouit pour sa foi. « Dieu soit loué ! écrivait-il. Et que cela serve à faire sanctifier son nom, à promouvoir son règne, à accomplir et faire accomplir sa sainte volonté ! »

Le voilà maintenant armé de toutes pièces pour faire son métier de conquérant d'âmes, pour être, selon un mot de saint Paul qu'il aimait à citer, le collaborateur de Dieu. Certes, il est à la hauteur de sa tâche. L'homme, en lui, est digne du chrétien, si tant est que l'on puisse distinguer l'un de l'autre. Dès la jeunesse, sa personne avait exercé un charme d'une nature spéciale. On était séduit par son exquise politesse, par l'aisance élégante de sa parole, par la délicatesse aimable de son langage, par son tact, ses attentions, ses qualités de galant homme, qui, visiblement, n'étaient que l'expression des qualités intérieures de l'âme. En même temps, il semble que, de très bonne heure, il ait pénétré et respecté le sérieux de la vie. Réfléchi, attentif à s'observer et à se maîtriser, cultivant en lui la vie spirituelle, il mêlait à une gaîté jeune et facile, une dignité calme qui de la sympathie la plus confiante excluait la familiarité. Il était très affable, très accueillant, très bienveillant pour les personnes, il avait pour elles tous les égards, toutes les indulgences ; en même temps il était inflexible, intraitable, intransigeant, en tout ce qui touchait aux principes. Il mettait son devoir et son honneur à les maintenir inébranlables envers et contre tous. Pour la vérité, il avait toutes les susceptibilités, toutes les jalousies, toutes les audaces ; pour la défendre, il trouvait en lui une énergie indomptable.

Ce galant homme était une volonté. Il résolut de faire le bien, d'exercer de l'influence, de tirer la religion hors du sanctuaire de la conscience pour la faire régner sur la société ; et sa vie entière fut un effort pour accomplir ce dessein. Il ordonna ses actes, ses occupations, ses pensées, ses sentiments, son caractère, ses joies et ses impressions, en vue de cet objet suprême. Et ce fut le chef-d'œuvre de sa volonté, de combiner ce travail intérieur avec la grâce de l'humeur et la parfaite spontanéité du sourire et de la bienveillance. Quant à la source première de cette volonté, elle n'était autre, selon le témoignage de sa conscience, que l'action divine elle-même, se déployant dans une âme soumise. De là sa confiance en soi, sa décision, sa force, son indéfectible énergie. La nature, sans son for intérieur, se distinguait à peine de la grâce. Ses affections terrestres elles-mêmes étaient toutes pénétrées d'esprit divin. Tel fut le sentiment si plein, si tendre et si élevé, qui l'unit à la compagne comme prédestinée de sa vie, de ses méditations, de ses travaux, ainsi qu'aux enfants dont l'âme, déjà, s'orientait vers le même idéal : la fusion du devoir et de l'amour.

De tels attachements, loin de le détourner de l'action extérieure, lui donnaient un surcroît de forces pour s'y consacrer. Il était aussi merveilleusement servi par son intelligence nette et vive, habile à saisir d'abord le côté des choses qui se rapportait à son objet. La thèse à démontrer, le principe à soutenir était clairement conçu ; et c'était merveille de voir avec quelle docilité les arguments venaient se ranger, comme d'eux-mêmes, dans l'ordre convenable pour fournir la démonstration. La parole répondait à cette heureuse facilité de la pensée. Tantôt elle était abondante, familière, moins jalouse d'avancer que de bien faire entendre et d'inculquer la pensée par les développements et les répétitions nécessaires ; tantôt elle était nerveuse, concise, rapide, frappant à coups pressés, et poussant hardiment l'adversaire. Mais jamais elle ne se produisait pour elle-même. Elle était à l'absolue discrétion de l'orateur, qui, sans effort, lui faisait rendre les moindres nuances de ses intentions.

Un tel concert de qualités morales et intellectuelles lui conciliait, en même temps que d'ardentes sympathies, une estime et un respect universels. Ceux-là même qu'inquiétaient peut-être sa méthode de logique à outrance et d'alternative inflexible, sa disposition à traiter d'incomplet, d'inconséquent, de défaillant, quiconque voyait dans la possession de la vérité un but plutôt qu'un point de départ, s'inclinaient de bon cœur devant tant de franchise, de vaillance, de droiture, de délicatesse, de passion sincère et désintéressée du bien. On admirait le caractère et le talent, alors même qu'on hésitait à admettre toutes les idées, à approuver toutes les tendances. Hésitation excusable ! Car, s'il est certainement juste et bon de montrer, comme le fait Ollé-Laprune, que toute formule, toute loi positive, toute tradition fixée, tout texte, tout symbole, bien que pratiquement utile ou nécessaire, ne peut jamais être qu'une expression imparfaite et contingente de la vérité, en sorte que l'heure ne viendra jamais de substituer la lettre à l'esprit, la formule à la vie ; si, par suite, c'est une noble ambition d'appeler les intelligences et les cœurs à s'entendre et à s'aimer, en se reconnaissant à travers les formes et les mots qui souvent les cachent les uns aux autres, il n'est pas évident pour cela que le règne de l'esprit soit, à proprement parler, un gouvernement, et que la vérité, pour se développer et se répandre parmi les âmes, doive se faire autorité extérieure, dogmatisme intransigeant, domination, même persuasive, sur les intelligences et sur les consciences.

On comprend très bien, au reste, les doctrines d'Ollé-Laprune, lorsque l'on songe à l'œuvre grandiose à laquelle il a pensé participer. Naguère encore le royaume de Dieu était conçu comme ayant une signification toute spirituelle. Mais voici que la question séculaire de savoir si ce royaume doit se réaliser dans le secret de la conscience ou dans les institutions sociales, dans le monde invisible ou dans le monde visible, au ciel ou sur la terre, semble se résoudre enfin dans le second sens : *Omnia instaurare in Christo*. Ollé-Laprune a, l'un des premiers et avec profondeur, compris la portée d'une telle décision de l'histoire. Dans le même temps que la religion, sortant du sanctuaire de la conscience, revendique la direction de la vie individuelle et sociale tout entière, voici que la science et la loi purement humaines, non contentes de régir la vie extérieure, entendent gouverner, à elles seules, les pensées et les croyances mêmes. Il semble donc désormais impossible que Dieu et César se partagent pacifiquement l'empire du monde. C'est maintenant sur le même terrain, c'est partout, que Dieu et l'homme se rencontrent, hostiles, et l'un et l'autre prétendant être tout. Dans cette lutte, qui, si elle devait se poursuivre telle qu'elle s'engage, ne pourrait finir que par l'anéantissement de l'un des deux adversaires, Ollé-Laprune a pris parti avec une conscience claire de la question posée : il s'est fait, dans le sens et de la manière que lui dictaient ses convictions, le champion de Dieu.

Ollé-Laprune avait, en décembre 1897, cinquante-huit ans. Il était en pleine possession de sa vigueur physique, de son expérience, et de tous ces dons exceptionnels du cœur et de l'esprit qui, de bonne heure, lui avaient conféré l'ascendant et l'influence. Il pouvait, sans nulle présomption, rêver un avenir plus riche encore d'action et de succès que n'avait été son brillant passé. Il se recueillait, et se préparait pour des tâches nouvelles. Plus que jamais il s'adresserait, non seulement aux savants, mais à la société, aux hommes engagés dans les soins et les travaux de la vie. Plus que jamais il se préoccuperait de pratique, de régénération des esprits et des âmes. Et tant de foi, de zèle, de dévouement et de moyens d'action ne demeureraient pas sans effet !

Un accident étrange, sans gravité, semblait-il, vint subitement clore cette belle carrière. Le 6 février 1898, Ollé-Laprune, en rentrant chez lui, sentit un frisson. Le lendemain, le surlendemain, il ne parut pas qu'il fût sérieusement malade. Cependant, des complications s'étant manifestées, une opération fut décidée, dont les suites l'emportaient le 18 février. Instruit par sa femme, selon leur promesse mutuelle, dès que le danger suprême

fut reconnu, Ollé-Laprune, sans dissimuler le déchire-
ment de son cœur, accepta la mort comme il avait accepté
la vie, avec courage et avec calme, s'abandonnant à la
volonté de Dieu. Jusqu'à son dernier moment, il pensa à sa
tâche, prêt à se mettre au travail, si Dieu lui rendait la vie.
Sans doute, alors, lui revint à l'esprit le passage de saint
Paul qu'il avait maintes fois cité. et il songea : J'ai planté,
j'ai arrosé : Dieu donnera la moisson.

F. EVELLIN (1)

Lorsque, en 1908, notre confrère F. Evellin entra dans notre compagnie, sa santé, déjà ébranlée, lui donnait de graves soucis ; et il nous disait avec chagrin sa crainte de ne pouvoir remplir les obligations attachées à cet honneur. Nous l'avions connu si travailleur, si zélé, si heureux de vivre et d'agir, que nous ne pouvions nous imaginer que le ressort de son activité fût brisé à jamais. De cette récompense si bien méritée il a du moins ressenti une grande joie, qui a semé de taches lumineuses l'ombre funèbre dont, pendant ces deux dernières années, il s'est vu progressivement enveloppé.

Né à Nantes, le 15 décembre 1836, Evellin avait fait ses études au collège de Redon et au collège libre de Notre-Dame-des-Couëts, près de Nantes. Il s'était d'abord destiné au Droit ; puis il se tourna vers l'enseignement, et il entra à l'Ecole Normale Supérieure en 1860. Professeur de philosophie en plusieurs lycées, puis chef du bureau des bourses, puis chef du personnel au Ministère de l'Ins-

<hr>

(1) *Académie des sciences morales*, mai 1910.

truction Publique (1882), puis Inspecteur de l'Académie de Paris (1888) et délégué dans les fonctions d'Inspecteur général pour la philosophie, Evellin, dans tous les postes qu'il occupa, unit à une scrupuleuse conscience professionnelle l'élévation d'esprit et l'indépendance de pensée d'un philosophe de race, et fut un homme en même temps qu'un fonctionnaire.

Sa science solide et l'originalité de sa réflexion se manifestèrent dans la publication et la soutenance de ses thèses de doctorat en 1880. Elles avaient pour objet la critique de la théorie cosmologique de Boscovich (*Quid de rebus corporeis vel incorporeis senserit Boscovich*) et la critique du concept de l'infini (*Infini et Quantité*).

A la suite de notre illustre et regretté confrère Charles Renouvier, F. Evellin s'était demandé quelle est la valeur philosophique de cette notion obscure de l'infini qui, depuis Leibniz, se trouvait au centre des mathématiques. Il crut pouvoir démontrer que l'infini quantitatif, tel que la science paraît l'admettre, n'est qu'une illusion née de l'intervention de l'imagination dans la formation de nos idées usuelles ; car devant une rigoureuse analyse rationnelle, le continu, qu'il implique, est incompatible, non seulement avec les conditions de la réalité, mais avec les conditions de la pensée pure elle-même. Ni les choses, ni même l'espace et le temps réels, ne sont continus : ils sont, dans leur nature véritable, multiples et discontinus. L'être et le possible sont faits d'éléments simples et indivisibles : ils sont donc essentiellement finis. La vigueur avec laquelle F. Evellin s'élevait ainsi contre une doctrine géné-

ralement admise frappa vivement les esprits ; et, lors de
sa soutenance de doctorat, les objections ne lui furent pas
épargnées. Admirablement préparé, Evellin répondait
avec une aisance, une abondance et une force qui ne se
pouvaient comparer qu'à son extrême politesse ; et Félix Ravaisson, témoin de ce débat, se penchait vers son
voisin en lui disant : « Ces objections font l'effet de brins
de paille que l'on mettrait sur le passage d'une locomo-
tive. »

Cependant la doctrine exposée dans *Infini et Quantité*
était surtout critique et négative. Qu'étaient en eux-mêmes
ces éléments simples et indivisibles où Evellin plaçait
toute l'essence de la réalité ? Dans un second ouvrage, non
moins approfondi que le premier : *La raison pure et les
antinomies* (1907), reprenant la célèbre controverse de
Kant sur le conflit de la raison pure avec elle-même, notre
philosophe s'efforça de démontrer que les thèses seules, et
non les antithèses, sont réellement concluantes aux yeux
de la raison pure, c'est-à-dire que, pour qui sait s'affranchir des suggestions trompeuses de l'imagination, le
monde est un composé, non de choses matérielles incapables d'individualité et de personnalité, mais d'êtres
véritablement doués de spontanéité, nés pour l'intelligence et la liberté. Evellin tirait ainsi de sa critique très
technique et minutieuse de l'Infini quantitatif une démonstration nouvelle des affirmations essentielles du spiritualisme.

Depuis qu'Evellin a exposé ces doctrines, l'étude de ses
arguments s'est imposée à tous ceux qui se sont occupés

de l'Infini mathématique. De nombreuses dissertations consacrées à cet objet ont été publiées, notamment en Belgique. La simplicité, la netteté, la précision, la belle continuité logique avec lesquelles il a exposé sa pensée lui ont fait, dès le début, et lui assurent pour l'avenir une place distinguée dans la lignée de Descartes.

L'homme, chez Evellin — tous ceux qui l'ont connu en feraient aisément foi — fut à la hauteur du philosophe. D'une extrême modestie, il avait des convictions très fermes ; et, s'il s'exprimait avec une réserve et une douceur charmantes, paraissant redouter, comme trop crues et brutales, les qualifications les plus inoffensives, son langage même le plus discret recouvrait des idées et des sentiments très mûrement raisonnés, très profonds, et d'une solidité à toute épreuve. Il était très bon, très fidèle, et d'une rectitude de jugement et de conscience tout à fait supérieure. Il avait aussi beaucoup d'esprit, un esprit aimable et spontané, qui amusait et ne blessait pas, et qui, pourtant, enveloppait des jugements d'une grande portée. C'était une vigoureuse intelligence, un fin lettré, et un sage, puisant dans la conscience de son commerce avec les choses éternelles une sérénité inaltérable en face des hommes et de la destinée.

A ce penseur, à cet homme d'élite, notre Académie s'était plu à ouvrir ses portes. Si nous n'avons pu jouir comme nous l'espérions des belles qualités intellectuelles et morales de notre confrère, nous n'en garderons qu'un souvenir plus attendri de son douloureux effort pour faire son devoir ici comme ailleurs.

LA PHILOSOPHIE EN FRANCE DEPUIS 1867 (1)

A l'occasion de l'Exposition universelle de 1867, Félix Ravaisson résuma l'histoire de la philosophie en France pendant les deux premiers tiers du xixᵉ siècle dans un rapport qui est devenu classique. En attendant qu'une œuvre analogue puisse être tentée pour l'époque postérieure, il a semblé qu'il y aurait intérêt à soumettre au présent Congrès (2) quelques vues sur le mouvement de la philosophie en France depuis 1867 jusqu'à nos jours Nous serions heureux si nous pouvions recueillir, sur ce sujet, les observations des philosophes étrangers à la France, mieux placés que nous, peut-être, pour discerner les tendances générales d'avec les directions particulières.

La première impression, à vrai dire, c'est que nulle tendance générale ne se dégage du travail philosophique actuel, et qu'il est vain de chercher à en présenter un résumé. Mais, plus les œuvres sont multiples et variées, plus s'impose la question de savoir si, réellement, chacun ne travaille que pour soi et pour son groupe immédiat,

(1) *Revue de métaphysique et de morale.* 1908.
(2) *Congrès international de philosophie* Heidelberg, 1908.

ou si, à travers les libres efforts des individus, une œuvre
d'ensemble se prépare, dans laquelle se coordonneront et
s'harmoniseront les éléments en apparence les plus hétérogènes.

I

Par une sorte de hasard, il se trouve que le Rapport
de Ravaisson a marqué une date.

Quelque chose, vers 1867, finissait, quelque chose
allait naître. Certes, la philosophie éclectique et dialectique, qu'avait surtout mise en honneur Victor Cousin,
était encore brillamment représentée. C'était une œuvre
vigoureuse que *La Métaphysique et la Science* de Vacherot
(1868) ; et ni les traités de Paul Janet ne manquaient
de science et de largeur d'esprit, ni la polémique de Caro
n'était dépourvue de verve et d'élégance. La philosophie,
toutefois, était devenue surtout scolaire. Les conditions,
les besoins de l'enseignement des lycées, dont l'objet
principal était alors de former la jeunesse suivant l'idée
classique de l'honnête homme, étaient la norme suprême
de la pensée ; et des systèmes originaux tels que celui
d'Auguste Comte (1) ou celui de Renouvier (2) demeu-
raient dans l'ombre, ou n'étaient connus que de quelques
fidèles.

Or, précisément, vers les deux tiers du XIXe siècle,

(1) *Cours de Philosophie positive*, 1830-42.
(2) *Essais de Critique générale*, 1854-64.

plusieurs circonstances déterminèrent le réveil de l'activité philosophique.

Ce fut d'abord l'enseignement, à l'Ecole Normale, d'un maître qui ignorait toute autre fin que la recherche scrupuleuse de la vérité, et qui employait à cette recherche l'érudition la plus solide et la plus fine ainsi que l'esprit critique le plus aiguisé, M. Jules Lachelier. Puis, ce fut le Rapport même de Félix Ravaisson, où se déployait, animé d'une ardeur et d'une confiance nouvelles, le génie métaphysique qui avait parlé par la bouche des maîtres. Puis, ce fut la connaissance des ouvrages de Darwin et de Herbert Spencer, considérables, non seulement par les doctrines qu'ils renfermaient, mais par le témoignage qu'ils rendaient de la portée philosophique des sciences naturelles. Puis, ce fut une étude nouvelle de la philosophie allemande, notamment de Kant, étude visant à entrer, véritablement et profondément, dans la propre pensée des philosophes. Enfin, ce fut, en 1870, la publication de *l'Intelligence*, d'Hippolyte Taine, et de *La Psychologie anglaise contemporaine (Ecole expérimentale)*, de Théodule Ribot.

Sous ces diverses influences, l'activité philosophique en France, non seulement prit un nouvel essor, mais chercha des directions nouvelles.

Elle se détourna de la dialectique abstraite, qui ne se donne d'autre fin que l'analyse, la définition et la conciliation logique des concepts, pour se mêler à l'ensemble des activités, scientifique, religieuse, artistique, politique, morale, littéraire, économique, par où l'homme entre directement en contact avec les réalités données. Loin de prétendre se suffire, elle considéra qu'elle ne pouvait trouver que dans les sciences, la vie et les arts, tels qu'ils se développent spontanément, les matériaux nécessaires de ses théories. De transcendante qu'elle était, en quelque sorte, à l'égard des sciences, elle essaya de se faire immanente.

Il s'ensuivit peu à peu un changement de forme profond, et, jusqu'à un certain point, paradoxal. A la philosophie jalousement une et universelle de la tradition se substituèrent des recherches philosophiques plus ou moins étrangères les unes aux autres. La multiplicité et la spécificité des sciences positives se communiquèrent à une philosophie qui se modelait sur elles ; et l'on vit se former une psychologie, une sociologie, une méthodologie, ayant chacune leur base expérimentale distincte, et, par suite, leur existence à part. Au lieu de la philosophie, on eut, semble-t-il, des sciences philosophiques.

En même temps, il est vrai, comme par une revanche de l'esprit d'universalité, chacune de ces sciences, à elle seule, enfla ses ambitions à mesure qu'elle faisait des conquêtes nouvelles, et tendit à se poser, non seulement comme l'exploratrice attitrée d'un domaine spécial de la philosophie, mais comme la philosophie universelle elle-même, enfin en possession de son véritable principe. C'est ainsi que nous voyons fleurir une psychologie qui, si l'on n'y prend garde, résout à sa manière tous les problèmes, et réduit au rang d'explications relatives et subordonnées toutes les explications que peuvent fournir les autres sciences. Il en est de même de la sociologie. Elle aussi se présente, non comme une partie de la philosophie, mais comme la philosophie totale. A son point de vue, les explications psychologiques ne se suffisent pas : elles ne prennent leur sens et leur valeur que rapportées à leurs fondements sociologiques. Analogue est l'attitude du logicien, du philosophe de l'histoire, du théoricien des sciences. Et l'on pourrait, à propos de toutes ces pseudo-parties de la philosophie, redire le mot de Faust à Méphistophélès :

Du nennst dich einen Teil, und stehst doch ganz vor mir.

Nous allons étudier séparément ces différents mouvements, en essayant de démêler leur véritable direction.

II

1. LE MOUVEMENT MÉTAPHYSIQUE

Nous constatons, en premier lieu, un réveil de l'activité métaphysique. Le développement de cette activité fut marqué, en 1893, par la création de la *Revue de Métaphysique et de Morale*, laquelle, à son tour, en accrut la force et l'étendue.

D'une manière générale, on rejette l'éclectisme et la dialectique abstraite, qui visent à constituer la philosophie par la simple élaboration et organisation de concepts empruntés surtout aux systèmes déjà existants. On se met directement en présence des faits, des données de la science, des conditions de la vie humaine ; et, si l'on essaye de continuer l'œuvre des maîtres, c'est moins en reprenant leurs doctrines pour en faire des pièces d'un édifice plus ou moins nouveau, qu'en s'inspirant de leur esprit de libre et vivante recherche.

Les œuvres nées de ce mouvement peuvent, semble-t-il, se ranger dans les trois catégories suivantes :

1º Un développement nouveau du rationalisme.

Dans cette direction se poursuivirent les travaux de Renouvier, qui, dépassant le néo-criticisme des *Essais de Critique générale* (1854-64), aboutirent, dans *La Nouvelle Monadologie*, 1898, et dans le *Personnalisme*, 1903, à ériger toute substance en sujet conscient, et à donner pour principe, à l'ensemble des consciences qui constituent le monde, une conscience, une personne suprême.

En des expositions toujours plus larges et lucides, Ravaisson unit intimement le spiritualisme grec de l'intelligence au spiritualisme chrétien de la volonté et du cœur. Les Grecs ont placé le principe des choses dans l'harmonie et la beauté. Le christianisme a connu que la source de la beauté elle-même se trouve dans le don de soi, qui est Dieu.

Jules Lachelier montre l'induction scientifique reposant, en dernière analyse, non sur le principe encore abstrait des causes efficientes, mais sur celui des causes

____

(1) *Esquisse d'une morale sans obligation ni sanction*, 1885. *L'irréligion de l'avenir*, 1887. *L'art au point de vue sociologique*, 1889.

finales, et la stabilité des systèmes de mouvements qui constituent les corps ayant son fondement dans l'acte de la pensée vivante et consciente.

Alfred Fouillée développe en tout sens, dans les domaines métaphysique, psychologique, sociologique, politique, moral, un idéalisme évolutionniste, qui place le principe de l'être dans les idées-forces.

J.-M. Guyau (1), estimant que la vie est naturellement d'autant plus expansive qu'elle est plus intense, et qu'ainsi le progrès de l'individualité même enveloppe un accroissement de la tendance vers la solidarité, ou penchant social, fait de la vie, dans son acceptation vraie, le principe commun de l'art, de la morale et de la religion. Et l'évolution qu'est en elle-même la vie va, selon lui, de l'isolement de l'individu à son union de plus en plus consciente avec des sociétés de plus en plus vastes, finalement avec l'univers, pris dans son existence, non seulement présente, mais passée et future.

A des points de vue divers, des doctrines d'un caractère rationaliste sont exposées par Pillon, Boirac, Georges Lefèvre, Georges Dumesnil, Souriau, Lapie, Peillaube, Albert Leclère.

Plus récemment (1907), dans son *Essai sur les éléments principaux de la représentation,* le regretté Hamelin tentait, après s'être mis à l'école de Platon et de Hegel, une construction rationnelle du concept de personnalité, et, par là même, des premiers principes du connaître et de l'être.

Et, cette année même, René Berthelot, dans *Evolu-*

tionnisme et Platonisme, (1908) esquisse une combinaison de l'évolutionnisme avec un idéalisme rationnel qui ne verrait dans le mécanisme que l'application de la raison à l'univers physique, et qui, en même temps, s'incorporerait en partie les analyses de la psychologie dite romantique.

Enfin on peut faire rentrer dans le mouvement rationaliste l'entreprise poursuivie par Lalande, de constituer un Lexique philosophique, qui dégage et définisse le fonds d'idées commun aux différentes écoles philosophiques. Selon Lalande, les philosophes s'accordent en réalité beaucoup plus qu'ils ne croient ; et le progrès de la philosophie se fera en partant de ces principes acquis, pour agrandir toujours davantage le domaine commun.

2° Une métaphysique prenant son point de départ dans la critique, non seulement de la raison, mais surtout de la science, comme expression objective des rapports de cette raison avec les choses. Ce point de vue consiste à se mettre en présence des sciences, comme de réalités données, à en scruter les éléments et les conditions, et, s'il apparaît que ces éléments sont eux-mêmes autre chose que des faits, ou rapports objectivement observables, susceptibles d'être reliés les uns aux autres d'après les méthodes des sciences objectives, à chercher dans les sciences elles-mêmes un point d'appui pour s'élever vers la métaphysique.

Dans cette voie ont cheminé Emile Boutroux, Louis Liard, Evellin, Arthur Hannequin, Milhaud, Dunan,

Brunschvicg, Gaston Richard, Joseph Wilbois, Louis Weber, etc.

Evellin, par exemple, démêle, par un travail de la raison, la métaphysique impliquée dans le calcul infinitésimal, et, au regard de l'être, réduit l'infini au fini, le continu au discontinu (1). Puis, cherchant à concevoir aussi clairement et rationnellement que possible le réel fini et discontinu lui-même, il aboutit à lever les antinomies kantiennes au profit des thèses, c'est-à-dire de la spontanéité individuelle et libre (2).

Arthur Hannequin (8) voit dans l'atomisme le postulat de la science, mais refuse de considérer cette doctrine comme l'expression de la réalité elle-même, car de l'indivisible il est impossible de déduire le continu, le mouvement, les qualités qui caractérisent le réel. C'est, dès lors, à la métaphysique qu'il appartient de chercher un point de vue pour lequel se concilient le continu : espace et temps, et le discontinu : atome et nombre. Les contradictions, selon Hannequin, disparaissent dans l'unité d'un être qui sans cesse se fait et se détermine soi-même, en projetant dans la durée et dans l'étendue les formes transitoires de son action déterminante.

Selon Gaston Milhaud, les sciences perdent en objectivité ce qu'elles gagnent en rigueur (4). Et dans la science

---

(1) *Infini et quantité*, 1880.

(2) *La raison pure et les antinomies*, 1907.

(3) *Essai critique sur l'hypothèse des atomes dans la science contemporaine*, 1894.

(4) *Essai sur les conditions et les limites de la certitude logique*, 1894.

il y a quelque chose qui dépasse le donné ; l'exactitude où elle vise à sa source dans la liberté créatrice propre à l'esprit (1).

Dunan a travaillé à l'établissement d'une théorie psychologique de l'espace (2). Selon lui, l'espace est construit par le sens, en même temps qu'il est perçu. Dunan a, de plus, cherché à ramener la notion de contingence à celle de l'infinité, inséparable d'une unité métaphysique réelle telle que l'âme (8).

Brunschvicg montre l'esprit réfléchissant sur sa vie propre, et, du même coup, la créant et la développant. Cette vie est une unification croissante du donné, d'où résultent la science, l'art, la vertu, la religion (4),

Pour Louis Weber (5), la science, qui, quant à elle, ne prétend pas à une autre certitude que celle qui dérive de l'expérience, trouve une garantie plus haute dans l'idéalisme absolu, qu'engendre la réflexion philosophique.

8° Une métaphysique résultant de l'effort pour réaliser l'expérience intérieure sous sa forme immédiate et vraiment primitive.

Dans cette voie s'est engagé et méthodiquement avancé Henri Bergson. Il montre, en premier lieu, la

____

(1) *Le positivisme et les progrès de l'esprit, études critiques sur Auguste Comte,* 1902.
(2) *Théorie psychologique de l'espace,* 1895.
(3) *Essais de philosophie générale,* 1898.
(4) *Introduction à la vie de l'esprit,* 1900.
(5) *Vers le positivisme absolu par l'idéalisme,* 1903.

durée proprement dite irréductible à l'espace ou à la matière, et déjà spirituelle (1) ; tandis que l'espace, auquel notre imagination paresseuse voudrait tout réduire, n'est, au fond, que de la durée arrêtée et relativement fixée par un travail artificiel de l'entendement. Puis, se demandant si l'esprit possède véritablement une originalité, Bergson attaque le postulat du parallélisme entre l'esprit et le corps (2). Pour lui, tandis que la matière est essentiellement stabilité et détermination, l'esprit est vie et liberté radicale. La vie est réellement création : ce n'est pas une fabrication, déterminée par l'idée d'une fin à réaliser, c'est un élan, une initiative, un effort pour faire produire à la matière quelque chose que, d'elle-même, elle ne produirait pas (3). La philosophie de Henri Bergson représente une réaction hardie contre l'intellectualisme scientiste. Elle jouit d'une influence considérable.

. Dans un sens analogue, Albert Bazaillas (4), notamment, cherche à démêler, sous les synthèses illusoires dues à l'action séparée de l'entendement, la riche et mobile diversité qui constitue, en réalité, la vie personnelle de l'esprit.

(1) *Essai sur les données immédiates de la conscience*, 1889.
(2) *Matière et mémoire, Essai sur la relation du corps à l'esprit*, 1896.
(3) *L'évolution créatrice*, 1907.
(4) *La vie personnelle, étude sur quelques illusions de la perception intérieure*, 1905.

2. LE MOUVEMENT PSYCHOLOGIQUE

Dans l'introduction de son ouvrage sur la Psychologie anglaise contemporaine, 1870, Théodule Ribot montrait la psychologie se détachant de la Philosophie, comme s'en étaient successivement détachées les mathématiques, la physique et les autres sciences. Non seulement la psychologie expérimentale proprement dite, mais la psychologie dans toute sa compréhension devait, selon cette conception, devenir une science positive, c'est-à-dire composée exclusivement de faits et de relations constantes entre ces faits. Cet appel fut, avec l'exemple de Taine, le signal d'un renouvellement très fécond des études psychologiques.

Déjà Hippolyte Taine (1), encore dominé, à vrai dire, par des théories métaphysiques, telles que le monisme logique de Spinoza ou de Hegel, après être descendu analytiquement des signes aux images, des images aux sensations et de celles-ci à leurs éléments constitutifs, qu'il trouvait dans des sensations élémentaires, homogènes et imperceptibles, correspondant à des ensembles de réflexes du système nerveux, essayait, à partir de la sensation ainsi conçue, de reconstruire synthétiquement, sans rien emprunter qu'à l'expérience, tout le mécanisme de la connaissance.

Théodule Ribot chercha, en dehors de l'introspection,

(1) *De l'intelligence*, 1870.

dans les différents modes de l'information objective, la méthode vraiment scientifique de la psychologie. Il étudia d'abord les faits psychologiques les plus voisins des phénomènes physiologiques : l'hérédité psychologique (1873), les maladies de la mémoire (1881), de la volonté (1883), de la personnalité (1885). Il admet, dans ces études, la loi d'évolution, non comme un principe, mais comme une hypothèse reconnue féconde. Il fait, de la pathologie mentale, plus qu'une branche de la psychologie : une méthode d'analyse et d'expérimentation, fournie par la nature même. Dans les premiers travaux de Théodule Ribot, la conscience est envisagée comme un simple épiphénomène. Dans les travaux postérieurs, relatifs à la psychologie de l'attention (1888), à la psychologie des sentiments (1896), à l'évolution des idées générales (1897), à l'imagination créatrice (1900), à la logique des sentiments (1905), Ribot étudie de plus en plus les phénomènes dans leurs conditions, non seulement physiques, mais spécifiquement psychologiques, la conscience devenant, à son tour, de ces phénomènes, un élément et un facteur véritables.

L'impulsion donnée par Taine et par Ribot fut très féconde. La psychologie, comme science spéciale, fut cultivée par un grand nombre d'ardents chercheurs, qui, plus ou moins directement, procèdent de ces maîtres.

1º On peut, en ce qui concerne la psychologie générale, distinguer les directions suivantes :

a) La Psychologie objective pure et simple, représentée

par des savants tels que Marillier, Paulhan, Godfernaux, Ruyssen ;

b) La Psychologie expérimentale proprement dite, laquelle se poursuit dans des laboratoires tels que ceux de Beaunis et de Binet (1), de l'Institut général psycho-logique, du Dr Gley, de Bourbon, de Foucault, du Dr Philippe, du Dr Georges Dumas (2) ;

c) La Psychologie qui reste attachée à l'introspection, tout en utilisant le plus possible les enseignements de la psychologie objective. Dans cette catégorie se rangeraient les travaux psychologiques de V. Egger, Compayré, Henri Marion, Derepas, Dugas, Malapert, etc.

Il semble que, d'une manière générale, le point de vue associationniste ou atomistique ait été de plus en plus reconnu insuffisant, et que l'on tende à y substituer l'idée de la forme synthétique, de l'unité vivante et complexe, comme caractéristique du phénomène psycho-logique.

2° De la psychologie générale s'est détachée, avec le Dr Richet, Pierre Janet (3), le Dr Grasset (4), une branche qui a pris un grand développement, au point de former en quelque sorte une science distincte : l'étude de l'auto-matisme psychique et de l'hypnotisme. La réalité d'une

---

(1) Beaunis et Binet : Bulletin, 1892 sqq. Binet, l'*Année psychologique*, 1895 sqq.

(2) P. JANET et G. DUMAS, Journal de psychologie, 1905, sqq.

(3) *L'automatisme psychologique*, 1889.

(4) *Le spiritisme devant la science*, 1904.

région de l'âme, inférieure à la conscience sans être précisément inconsciente, d'une région dite subconsciente, est aujourd'hui généralement admise.

3º Une tentative fort intéressante a été faite pour constituer une interpsychologie, ou étude de l'influence des consciences individuelles les unes sur les autres. Le célèbre livre de Gabriel Tarde sur *Les Lois de l'Imitation*, 1890, a inauguré ce genre de recherches. Tarde lui-même leur a donné un brillant développement.

On peut en rapprocher l'ouvrage du Dr Le Bon sur *La Psychologie des foules*, 1895.

4º Enfin, indépendamment des études physiologico-psychologiques dont les phénomènes religieux, comme les autres manifestations de la vie mentale, ont été l'objet dans les laboratoires, des recherches portant précisément sur ce qu'il peut y avoir de spécifique dans ces phénomènes se sont produites en ces derniers temps. On peut citer, à cet égard : l'*Essai sur les fondements de la connaissance mystique* de Récéjac (1896), les *Etudes d'histoire et de psychologie du Mysticisme* de Henri Delacroix, 1908, etc.

3. LE MOUVEMENT SOCIOLOGIQUE

En 1877, Alfred Espinas publia un ouvrage intitulé : *Les Sociétés animales*, qui peut être considéré comme le point de départ du mouvement sociologique actuel.

Espinas y soutenait cette idée, que la communauté n'est pas, à l'égard de la vie, une circonstance, un accident extrinsèque, mais qu'elle est de son essence même. Vivre, c'est vivre en commun. La loi fondamentale de la vie, ce n'est pas la lutte, c'est l'union pour la vie. Poursuivant l'évolution de la communauté vitale depuis les espèces les plus rudimentaires jusqu'aux plus élevées, Espinas aboutissait à montrer, dans toute individualité vivante, une société, dans toute société, un individu : une société humaine, c'est une conscience commune.

Sous l'influence d'Auguste Comte, Emile Durkheim, à partir de 1893, date de la publication de son ouvrage : *De la division du travail social*, fut le promoteur d'une véritable école sociologique. Il conçut la sociologie comme une science exactement analogue aux autres sciences, c'est-à-dire comme une étude de faits et de lois soumis à un rigoureux déterminisme, et connaissables suivant des méthodes purement objectives. Mais en même temps il admit que la sociologie avait son domaine et ses concepts propres : il lui reconnut une spécificité véritable.

Il débuta par la recherche des formes et conditions de la solidarité sociale. Cette solidarité, selon lui, présente deux formes : elle est, ou déterminée par la similitude, et mécanique, ou déterminée par la division du travail, et organique. La première est celle de l'organisation familiale, c'est-à-dire des groupements fondés sur la consanguinité, réelle ou fictive ; la seconde est celle des groupements fondés sur les fonctions, celle des organisations professionnelles. Entre ces deux formes de solidarité, il y a antagonisme. Or la cause qui substitue, dans une société, le groupement professionnel au groupement familial, c'est l'augmentation du volume et de la densité de cette société. Si donc il arrive que, dans quelque pays, cette augmentation se produise, c'est une nécessité que la famille y tende à disparaître, l'organisation professionnelle à se développer et subsister seule. De là suit une transformation de la morale. Au devoir de solidarité par similitude, exprimé par la formule : sois homme, se substituera, dans la société organique, le devoir professionnel : Adapte-toi à ta fonction.

Ayant pris, non seulement par la théorie, mais par la pratique (1), une conscience nette des conditions de la sociologie comme science, Emile Durkheim fonda, en 1898, une publication : *L'Année sociologique*, qui eut pour objet de grouper les efforts des travailleurs, en vue de l'étude méthodique, objective et inductive, des problèmes sociologiques.

Il posait en ces termes les deux questions fondamentales : 1° Qu'est-ce qu'un fait social ? 2° Comment s'explique un fait social ?

Le fait social est un fait général de coercition externe, exercée ou susceptible d'être exercée par la société sur les individus.

Quant à l'explication de ce fait, elle doit être cherchée, en dehors des faits purement psychologiques, dans des faits sociaux antécédents, dans la constitution du milieu

____

(1) *Le suicide*, 1897.

social, dans le mode de groupement des parties constituantes de la société.

Conformément au programme tracé par Emile Durkheim, les rédacteurs de l'*Année sociologique* ont procédé à de vastes enquêtes, à des analyses minutieuses, à l'étude de questions spéciales, plutôt qu'à des essais de constructions et de systèmes. D'une manière générale, ils cherchent à démêler, dans la vie des nations et des individus, l'influence, selon eux prépondérante, du facteur social, c'est-à-dire de la contrainte que la société exerce sur ses membres, leur inspirant des idées, des sentiments, une conscience appropriés à sa propre conservation, et éliminant les individus qui ne s'adaptent pas à ses conditions d'existence. La sociologie générale, la sociologie religieuse, la sociologie morale et juridique, la sociologie criminelle, la sociologie économique, etc... sont ainsi traitées dans l'*Année sociologique*. Aux côtés d'Emile Durkheim travaillent activement : Bouglé, Mauss, Henri Hubert, Lapie, E. Lévy, Simiand, Milhaud, H. Bourgin, Muffang, Paul Fauconnet, Razel, Parodi, Gaston Richard, Steinmetz, Charmont, A. Meillet, F. Huvelin, R. Hertz. Les phénomènes religieux, en particulier, ont été l'objet de recherches approfondies. D'importants ouvrages sont résultés de ces travaux. Tel l'ouvrage de Bouglé : *Essais sur le régime des castes*, 1908.

En dehors de ce cercle, beaucoup d'autres savants traitent des questions relatives à la société, dans un esprit plus ou moins différent.

Gabriel Tarde n'a cessé de chercher dans l'interpsychologie l'explication des phénomènes qui dépassent la psychologie individuelle (1).

Alfred Fouillée (2) considère la société comme donnée dans l'acte même de penser, car penser, c'est s'entendre, se solidariser avec d'autres êtres pensants : « Je pense, donc nous sommes ». Mais, par là même, il estime que sociologie et psychologie sont inséparables dans l'étude concrète de l'homme.

Dans *la Cité Moderne*, 1894, Izoulet rapproche l'association de la combinaison chimique, distinguée du simple mélange physique ; il la considère comme créatrice et non pas seulement multiplicatrice ; c'est elle qui engendre, au moyen de la division du travail, l'âme, la raison, la moralité.

René Worms fonda en 1893 une *Revue internationale de Sociologie*. Lui-même, dans *Organisme et société*, 1895, dans *Philosophie des sciences sociales*, 1904 sq., contribua à la définition et à l'avancement de la science.

Henry Michel (3), s'inspirant principalement de Charles Renouvier, distingue, de l'individualisme empirique, qui fait de chaque individu comme tel un absolu, l'individualisme rationnel et vrai, selon lequel l'individu humain ne peut se réaliser, c'est-à-dire devenir une personne, que solidairement avec les autres individus humains. La

(1) *La logique sociale*, 1893. *Etudes de Psychologie sociale*, 1896. *Les lois sociales*, 1898. *Psychologie économique*, 1902.

(2) *L'idée moderne du Droit*, 1878. *La science sociale contemporaine*, 1883. *Les éléments sociologiques de la morale*, 1905.

(3) *L'idée de l'Etat*, 1896.

société est impliquée dans l'idée même de l'individu, si celui-ci veut exister, non seulement en puissance, mais en acte.

Au nombre des ouvrages sociologiques composés en France il convient de compter ceux du savant russe Eugène de Roberty (1). Ce philosophe attend d'une véritable science sociologique la constitution de la morale : les phénomènes sociologiques, essentiellement distincts, et des phénomènes biologiques, et des phénomènes psychologiques, se confondent, selon lui, avec les phénomènes éthiques.

4. LA MORALE COMME SCIENCE POSITIVE

L'idée de la morale comme science positive, distincte et autonome, s'est exprimée dans le petit livre de Léon Bourgeois, intitulé *Solidarité*, 1896, d'une façon qui a frappé les esprits et suscité de nombreux travaux. Si la psychologie, si la sociologie peuvent reposer sur une base véritablement scientifique, pourquoi n'en serait-il pas de même de la morale ? Il faudrait, pour qu'il en fût ainsi, qu'il existât un fait, à la fois objectivement observable, et susceptible de fournir une norme à la conduite humaine. Or la solidarité paraît, précisément, réunir ces deux conditions. Elle est donnée comme fait. Nul homme n'est ce qu'il est que grâce au labeur de

(1) Quatre ouvrages sur *l'Éthique. Nouveau programme de Sociologie*, 1903.

millions d'individus qui l'ont précédé. Chacun est, bon gré mal gré, débiteur de ses devanciers. Or ceux-ci sont actuellement représentés par leurs descendants. C'est donc entre les mains de ses contemporains que l'homme peut et doit s'acquitter de la dette qu'il a contractée en usant des biens de la civilisation. Un même concept, celui de solidarité, exprime ainsi, par l'une de ses faces, un fait scientifique, par l'autre une obligation juridique, d'où résultent, et un devoir pour l'individu, et un droit pour la société.

Non seulement le livre de Léon Bourgeois offrait ainsi un moyen de faire rentrer la morale dans le cadre des sciences positives, mais il était, par là même, l'affirmation et comme le spécimen d'une morale purement laïque ; et, à ce titre encore, il eut une grande importance. De divers côtés on s'efforça, ces années dernières, de constituer, sur des fondements purement humains et strictement scientifiques, une doctrine morale qui ne le cédât, ni en élévation, ni en efficacité pratique, aux systèmes appuyés sur la religion ou sur une foi philosophique telle que la croyance kantienne en une raison pratique impérative.

Tel fut l'objet de travaux poursuivis en différents sens par G.-L. Duprat, X. Lévy-Bruhl, G. Belot, A. Lalande, Albert Bayet, etc.

Duprat (1) fonde la morale sur la force d'expansion vitale, comme principe naturel de la sociabilité.

____

(1) *La Morale*, etc., 1901.

Sans aller, comme Eugène de Roberty, jusqu'à identifier sociologie et morale, Belot (1) professe que le progrès de la vie sociale est, au fond, l'objet du vouloir essentiel de l'homme, et cherche, dès lors, dans les conditions d'existence de la société, le principe d'une morale toute positive. Quant à la différence qui distingue la morale de la sociologie, elle réside, selon lui, dans l'idée d'une société parfaite, ou union de consciences qui se pensent les unes les autres : la morale superpose cette idée à la connaissance sociologique de la société réelle.

Plus ou moins modifiée, la doctrine qui fait consister la morale dans l'obligation de se conformer aux exigences de la société est aujourd'hui fort répandue.

Une manière plus radicale d'adapter la morale aux conditions de la science positive est de séparer rigoureusement l'élément normatif et l'élément spéculatif, qui se mêlent d'ordinaire dans nos systèmes de morale. Nulle science n'est, en elle-même, normative ; ce caractère n'appartient qu'aux arts, fondés sur les sciences. Celles-ci sont exclusivement spéculatives et explicatives. Suivant cette direction, Lévy-Bruhl (2) distingue expressément entre la science des mœurs, science véritable, laquelle, d'ailleurs, pour lui, rentre dans la sociologie, et la morale proprement dite, pure technique, appliquant les données de la sociologie.

Conformément aux principes posés par Lévy-Bruhl,

(1) *Etudes de morale positive*, 1907.
(2) *La morale et la science des mœurs*, 1903.

Albert Bayet (1) a publié un essai d'art moral rationnel, où est tentée l'application à la conduite humaine des enseignements des sciences sociologiques.

André Lalande (2) place le critère ultime de la science dans l'accord des intelligences. Dès lors il estime que, pour obtenir une morale scientifique, il suffit, écartant les croyances religieuses et les spéculations métaphysiques, sur lesquelles l'accord est impossible, de déterminer les préceptes universellement admis. C'est, semble-t-il, revenir à la doctrine socratique de la vérité morale placée dans τὰ μάλιστα ομολογούμενα.

Bien que l'idée de traiter la morale comme une science véritable soit commune à de nombreux esprits, il subsiste de grandes différences d'appréciation, quant à la mesure dans laquelle cette science doit ressembler aux autres sciences. Chez beaucoup d'auteurs, l'idée de science morale est une idée *sui generis*, qui laisse subsister, entre les choses morales et les choses physiques, des différences essentielles.

Cette année même (1908) a été réimprimée, à la demande des amis de la philosophie, la *Science de la morale*, de Charles Renouvier (1869), d'après laquelle les idées mathématiques et les lois de la morale sont des formes rationnelles irréductibles entre elles, et également nécessaires, les unes comme règle de l'usage des sens, les autres, comme norme de la pratique. Cette morale, qu'on peut

---

(1) *La morale scientifique*, 1907.
(2) *Précis raisonné de morale pratique*, 1907.

appeler néo-criticiste, se résume dans le personnalisme. Elle fait une large part à la solidarité, mais en l'envisageant comme condition de la personnalité, et comme devant être l'œuvre de la volonté libre.

Alfred Fouillée (1), appliquant son principe des idées-forces à l'idée de la pleine conscience de soi, laquelle, selon lui, implique la considération des autres et du tout, en déduit un idéal moral persuasif, qu'il oppose à l'arbitraire et despotique Impératif de Kant.

Darlu n'admet pas qu'une morale purement sociologique puisse être adéquate à l'idée de la morale. Il y a des cas où la morale commande à l'homme de rompre la solidarité qui l'unit à son groupe. La justice, les droits de la conscience morale dominent les conditions d'existence de la société elle-même.

Plus préoccupés d'écarter toute considération métaphysique, Bouglé, Jacob, et beaucoup d'autres, n'en considèrent pas moins également l'interprétation purement sociologique de la morale comme insuffisante.

Bouglé (2) soutient que les conséquences de la solidarité de fait doivent être rectifiées selon les exigences de la conscience, considérée comme une puissance originale, dont la présence distingue l'évolution des sociétés d'avec les évolutions naturelles.

Jacob (3) estime que, chez les peuples civilisés, les vertus individuelles ne s'expliquent pas entièrement par

(1) *Morale des idées-forces*, 1908.
(2) *Le solidarisme*, 1907.
(3) *Devoirs*, 1908.

les conditions de la vie en société, mais qu'il existe, en fait et en droit, une morale individuelle, qui s'appuie sur le sentiment de la dignité humaine, comme sur un principe spécial se suffisant à lui-même.

Pour Adolphe Landry (1), le besoin moral inhérent à la nature humaine tend essentiellement à l'autonomie du moi. C'est ainsi un besoin de cette faculté suprême que l'on appelle la raison. La morale est la raison même, en tant que pratique. Or notre moi, selon la nature, recherche le plaisir et fuit la douleur. La morale rationnelle est, dès lors, le commandement de rechercher les plaisirs selon leur valeur, et, par suite, le plaisir des autres comme son plaisir propre.

Selon Frédéric Rauh (2), la foi en un idéal, en un devoir-faire, s'impose à l'homme avec la même irrésistibilité que la croyance aux lois naturelles. Admettre celle-ci, c'est s'imposer celle-là. L'homme est un être qui croit, comme il est un être qui constate. Donc le sentiment de l'obligation est bien la caractéristique, la condition nécessaire de la moralité. Il faut, sur ce point, maintenir la doctrine kantienne. Mais, au lieu de déduire la morale du principe abstrait de l'obligation, il s'agit, dans l'action elle-même, dans l'expérience morale, de dégager, d'amener au jour de la conscience et de concevoir de plus en plus précisément et purement les maximes relatives au devoir-être qui régissent ou doivent régir notre conduite. La morale

____

(1) *Principes de morale rationnelle*, 1906.
(2) *L'expérience morale*, 1903.

se fait perpétuellement, par la réflexion des consciences délicates sur l'action et sur la vie.

Enfin nombre d'esprits persistent à soutenir que les preuves de la légitimité de la morale sont liées aux preuves de la légitimité de la métaphysique. Tels Georges Lyon, Chabot, Georges Lefèvre, Emile Thouverez, Albert Leclère, etc.

Et plusieurs, distinguant entre les préceptes et le fondement, duquel dépend, selon eux, l'efficacité, contestent que la morale proprement dite se suffise pratiquement, quand bien même il serait vrai que, prise en elle-même, elle se résume pour tous dans les mêmes préceptes. Ils veulent que la morale, si elle doit de la théorie descendre dans les faits, s'appuie sur un principe qui exerce une action certaine sur l'âme humaine, et ils ne trouvent ce principe que dans la foi religieuse. Morale, donc, selon eux, suppose religion (1).

5. LA PHILOSOPHIE DES SCIENCES

Un ingénieux et fécond esprit, à la fois savant, érudit et philosophe, qui nous a été enlevé prématurément en 1904, à l'âge de soixante et un ans, peu de temps après qu'il avait présidé, avec son autorité, la section de l'hstoire des sciences à notre précédent congrès, Paul Tannery, vers 1870, portait ses efforts sur la consti-

(1) Voir Paul Dureau, *La Crise morale des temps nouveaux*, 1907.

tution d'une théorie philosophique de la connaissance mathématique. Depuis lors en particulier, le divorce qui existait entre savants et philosophes s'est de plus en plus atténué. Les sciences elles-mêmes sont devenues, non seulement pour des esprits nourris de philosophie classique, mais pour nombre de savants de profession, le point de départ de réflexions philosophiques ; et un nouvel et considérable enrichissement de la philosophie s'est produit grâce à leurs travaux.

On peut ramener à trois les directions suivant lesquelles ont été conduites les recherches de philosophie scientifique :

1° *La méthodologie.* — Déjà Descartes et Kant avaient scruté le mode de fonctionnement de l'esprit humain, non seulement en partant de son essence, mais encore en le considérant à l'œuvre dans la création de la science. C'est proprement cette seconde voie où se sont engagés, depuis une trentaine d'années, un nombre croissant de travailleurs. Observant méthodiquement les démarches de l'esprit occupé à faire la science, de l'esprit scientifique en exercice, ils espèrent, non seulement définir clairement et systématiser d'une façon objective les méthodes des sciences, mais encore surprendre, plus profondément et plus sûrement que ne le pourrait faire la plus subtile dialectique ou l'introspection la plus ingénieuse, les lois et la nature de l'activité de l'esprit. Parmi les philosophes

(1) *Essai sur la classification des sciences*, 1898.

et savants qui ont cultivé ce genre d'études on peut citer : Jules Tannery, Milhaud, C. de Freycinet, Couturat, Edmond Goblot, Henri Poincaré, Emile Picard, Duhem, Lechalas, Painlevé, Bouty, Le Roy, Lucien Poincaré, Hadamard, Lalande, Borel, Pierre Boutroux, etc.

D'un examen de l'ensemble des sciences Edmond Goblot (1) conclut à l'identité radicale de toutes les méthodes, en tant que, dans les mathématiques comme dans les sciences d'observation, il s'agit d'établir des relations. Les sciences mathématiques, par l'emploi de la démonstration déductive, dégagent les relations nécessaires des choses. Les sciences expérimentales, en découvrant des relations constantes, préparent la voie à la déduction mathématique, laquelle, de plus en plus, transformera ces relations en connexions nécessaires. La science est ainsi une dans sa forme. En revanche, considérée dans sa matière, elle se divise invinciblement, comme l'a bien vu Auguste Comte, en sciences distinctes, irréductibles entre elles quant à leurs principes.

Selon André Lalande (1), tout le mouvement des êtres tend vers l'abolition des différences et l'identification universelle. Conformément à cette loi fondamentale de la nature, les méthodes de toutes les sciences visent à ranger toutes les connaissances sous le principe d'identité.

La méthode des mathématiques est spécialement étudiée par Couturat (2), qui, avec Russell et Peano, s'efforce

_____

(1) *La dissolution opposée à l'évolution dans les sciences physiques et morales*, 1898.

(2) *Les Princ·pes des Mathématiques*, 1905.

de la ramener à la pure logique. De cette confrontation avec les mathématiques, la logique, d'ailleurs, bénéficie grandement. La logique classique, qui considère uniquement l'inclusion entre concepts, devient un simple chapitre d'une logique beaucoup plus générale, étudiant, non seulement la relation d'inclusion conceptuelle, mais toutes les relations comportant des propriétés formelles qui les rendent susceptibles de déduction. Dans quelle mesure la mathématique tout entière est-elle réductible à la pure logique, c'est-à-dire au concept, dépouillé d'intuition ? Peut-on, en particulier, identifier, à cet égard, avec la mathématique faite, la mathématique qui se fait ; et la science qui se fait ne doit-elle pas, pour le philosophe, primer la science faite en apparence, mais toujours perfectible, c'est ce que recherchent, à des points de vue divers, H. Poincaré, Painlevé, Borel, Pierre Boutroux, etc.

En ce qui concerne la physique, Duhem (1) s'est efforcé de déterminer la manière dont se fait le passage des faits observables aux théories mathématiques ; et il lui a paru que l'opération qu'accomplit ici l'esprit est proprement une traduction. Il estime d'ailleurs que l'effort vers une traduction aussi purement mathématique et conceptuelle que possible, s'il ne peut aboutir à faire de cette traduction un autre exemplaire du texte même, est en demeure toujours légitime et nécessaire.

A l'encontre de cette doctrine, Abel Rey (2) maintient

____

(1) *La théorie physique, son objet et sa structure.* 1906.
(2) *La théorie de la physique chez les physiciens contemporains*, 1907.

la prépondérance de la méthode expérimentale et mécanique, la seule, selon lui, qui soit naturelle, progressive et vraiment féconde.

2º *La critique de la valeur de la science.* — Non contents d'analyser les conditions de la connaissance scientifique, plusieurs cherchent à tirer de cette analyse des inductions touchant le genre et le degré de certitude qui appartient à la science.

Gaston Milhaud (1) estime que la rigueur propre aux mathématiques tient à ce qu'elles substituent aux données de l'expérience des créations, calculées précisément en vue de la rigueur et de l'exactitude. Entre ces créations et les réalités, établir une relation d'exacte équivalence est chose impossible et inconcevable. Les sciences donc, perdent en rigueur ce qu'elles gagnent en objectivité. Les déterminations exactes, la fixité et le déterminisme absolu qui caractérisent les relations scientifiques ne se retrouvent pas dans les relations réelles.

Henri Poincaré (2) voit dans les propositions les plus générales de toute science du réel des conventions, dont la légitimité n'a d'autre fondement que leur commodité, c'est-à-dire leur simplicité et leur accord avec l'expérience. L'hypothèse, de la sorte, n'est pas seulement un moment préliminaire de la science, elle en fait partie intégrante. Il ne s'ensuit pas, d'ailleurs, que la science

(1) *Essai sur la condition et les limites de la certitude logique,* 1894
(2) *La science et l'hypothèse,* 1902.

soit chose arbitraire et artificielle. La science est la manière dont l'esprit pense les choses, conformément à ses propriétés et à leur nature.

Plus fortes sont les réserves que fait Le Roy (1) au sujet de la valeur objective de la science. Selon lui, non seulement les théories et les lois, mais les faits scientifiques eux-mêmes sont façonnés, fabriqués par l'esprit humain ; et l'intelligence, avec ses catégories de fixité, de détermination et d'extériorité, déforme invinciblement tout ce qu'elle touche. Au point de vue logique, les décrets par lesquels l'intelligence transforme certaines apparences données en lois est arbitraire. Toutefois, derrière cet arbitraire logique il y a l'activité de l'esprit, laquelle a sa loi propre. La science, au fond, est toute dans l'invention scientifique, non dans tel système d'entités, réel ou idéal, que nous n'aurions qu'à découvrir ; mais c'est l'invention d'un esprit.

Les théories de ce genre trouvent des contradicteurs dans des savants tels que Painlevé, Perrin (2), etc... qui, tout en reconnaissant que l'absolu scientifique ne saurait être un absolu véritable, dénient à l'esprit humain la possibilité de rien concevoir qui ait rapport à la vérité, en dehors des principes établis par les sciences. C'est ici une sorte de dogmatisme scientifique, qui, pour se défendre de toute visée métaphysique, n'en revendique pas moins, pratiquement, toute vérité et toute certitude.

(1) *Un positivisme nouveau* : Revue de Métaphysique et de Morale, 1901.

(2) *La théorie de la physique*, 1907.

8° *La philosophie de la nature*. — Enfin nombreux sont les esprits qui attribuent à la science elle-même, convenablement dirigée ou interprétée, la puissance de résoudre tous les problèmes réels et intelligibles contenus dans les questions dites philosophiques (1). Les uns déduisent de l'ensemble des sciences une philosophie générale, propre à supplanter l'ancienne métaphysique. D'autres poussent certaines recherches spéciales jusqu'au point où elles aboutissent à des conséquences qui, sans avoir l'universalité des thèses métaphysiques, présentent néanmoins, par leurs caractères et par leur portée, ce qu'on entend communément par une valeur philosophique.

Dans la première catégorie on pourrait ranger le savant longtemps obscur, enfin mis à son rang dans ces dernières années, Durand (de Gros), le naturaliste philosophe Armand Sabatier, Edmond Perrier, Le Dantec, Lalande, etc.

Adversaire du positivisme, Durand (de Gros) (2) voyait dans la science l'introduction à la métaphysique. Son point de vue est une sorte d'animisme, intermédiaire entre le vitalisme et l'organicisme. Et il dote d'un principe psychique spécial, non seulement les centres nerveux supérieurs, mais aussi chacun des centres nerveux secondaires ; en sorte que l'unité psychique apparente

---

(1) Voir notamment la *Bibliothèque de philosophie scientifique* publiée par Gustave Le Bon.

(2) *Ontologie et psychologie physiologique*, 1871, réédité sous le titre : *Variétés philosophiques*, 1900, etc.

devient, chez lui, une hiérarchie d'âmes. De là le nom de polypsychisme ou de polyzoïsme, par lequel on désigne son système.

En un ensemble d'ouvrages où les découvertes les plus récentes de la science sont examinées au point de vue de la raison et de la conscience religieuse, Armand Sabatier (1) professe un évolutionnisme spiritualiste et contingentiste dont le dernier mot est liberté.

Pour Edmond Perrier, la science n'est pas seulement la base de la philosophie, elle est la philosophie. Et elle nous montre, grâce à la loi d'évolution, les formes supérieures de l'être naissant naturellement des formes inférieures ; ainsi nous dévoile-t-elle l'unité, la continuité et le développement naturel de l'ensemble des êtres.

A l'évolutionnisme comme passage de l'homogène à l'hétérogène André Lalande, interprétant les résultats essentiels des sciences, oppose la loi de dissolution, ou réduction progressive du divers à l'identique, comme loi dynamique fondamentale de notre univers.

Parti des sciences, Félix Le Dantec (2) est devenu surtout philosophe. Les analyses le conduisent à considérer toute manière d'être, tout être donné, comme une portion d'équilibre de fait entre un nombre considérable de forces, en sorte que rien de ce que nous considérons comme existant ne possède en effet la tendance à l'unité et à la stabilité que suppose une existence véritable. Passer,

____

(1) Voir les conclusions d'Armand Sabatier dans *Philosophie de l'effort, essai philosophique d'un naturaliste*, 1903.

(2) *Les lois naturelles*, 1904. *De l'homme à la science*, 1907.

du point de vue humain, qui pose le tout avant les parties, à la science, qui n'attribue d'existence qu'aux éléments stables : telle est la loi du développement de l'homme.

On peut ranger dans la seconde catégorie celle des avants qui s'en tiennent à des inductions philosophiques plus ou moins spéciales, les chercheurs tels que Boussinesq, Dastre, Giard, Painlevé, Borel, Perrin, etc.

Dans un mémoire très remarqué, J. Boussinesq, observant que certains problèmes mécaniques présentent, au point de vue du calcul, une réelle indétermination, et que les équations dressées à leur sujet admettent des solutions dites singulières, explique ce qu'il y a de spécial dans les phénomènes de la vie par de telles solutions, lieux de réunion et de bifurcation des intégrales qu'admettraient les équations de mouvement d'un organisme animé.

Le regretté Alfred Giard déduit de ses recherches scientifiques des conclusions philosophiques telles que la réduction des phénomènes vitaux à des phénomènes mécaniques ou physico-chimiques, et, d'une manière générale, de la finalité à la causalité mécanique.

6. LA PHILOSOPHIE DE L'HISTOIRE

De même que les sciences de la nature, l'histoire a été, dans ces dernières années, l'objet de recherches philosophiques de plus en plus précises. La principale question

---

(1) *Conciliation du véritable déterminisme mécanique avec l'existence de la vie et la liberté morale*, 1878.

traitée fut celle de l'histoire comme science. Dans quelle mesure, en quel sens, à quelles conditions l'histoire peut-elle présenter un caractère scientifique ?

En 1894, Paul Lacombe publia sur ce sujet un important ouvrage (1), où il montra l'histoire réalisant l'idée de science, en tant que, d'une part, dans l'étude des institutions, elle atteint des faits, non individuels, mais généraux, et que, d'autre part, elle trouve, dans les mobiles psychologiques universels de l'activité humaine, des causes propres à expliquer les événements.

A l'encontre de Paul Lacombe, l'historien roumain Xénopol (2), distinguant radicalement entre les lois et les causes, qu'il rapporte respectivement, les unes à la catégorie de permanence, les autres à la catégorie de changement, soutient que les sciences de la nature découvrent surtout des lois, mais qu'en histoire la notion de loi est à peu près sans emploi, tandis qu'il y est possible de découvrir des causes.

L'intérêt qui s'attachait de plus en plus à la théorie de l'histoire (3) se manifesta par la création, en juillet 1900, de la *Revue de synthèse historique*, publiée sous la direction d'Henri Berr. Entre autres questions philosophiques, cette revue agita celle des rapports de l'histoire avec la sociologie. Deux doctrines s'y combattirent, dont l'une est surtout représentée par des historiens de

---

(1) *De l'histoire considérée comme science*, 1894.

(2) *Principes fondamentaux de l'histoire*, Paris, 1899, 2e édition, intitulée : *La théorie de l'histoire*, Paris, 1908.

(3) Cf. entre autres ouvrages : G. RENARD, *La méthode scientifique de l'histoire littéraire*, 1900.

profession, tels que Seignobos, Langlois (1), Hauser, Mantoux, l'autre par des sociologues, tels que Simiand, Bouglé, etc.

Préoccupés surtout du côté concret, individuel, et insaisissable dans sa réalité absolue, des phénomènes historiques, les historiens se défient de la sociologie, science du général et de l'abstrait, et tendent à considérer l'histoire elle-même comme seule capable de fournir un jour, s'il est en notre pouvoir d'en acquérir, des connaissances sociologiques vraiment objectives.

Les sociologues, au contraire, dénoncent, dans le tissu même de l'histoire, telle que nous l'exposent les historiens les plus scrupuleux, mainte généralité, implicite ou explicite qui n'est autre qu'une assertion ou une hypothèse sociologique, en sorte que, pour eux, la sociologie est, non seulement une science légitime en soi, soutenant des rapports étroits avec l'histoire, mais un facteur immédiat de l'histoire elle-même. L'histoire, estiment-ils, peut et doit chercher, dans l'individuel et le passager, le général, les lois et les causes ; et, si elle a, sans nul doute, une existence propre, elle n'en implique pas moins nécessairement, en son essence même, des recherches d'un caractère sociologique.

Dans une étude publiée, cette année même, sur la méthode en histoire (2), Gabriel Monod, tout en main-

---

(1) SEIGNOBOS ET LANGLOIS, *Introduction aux études historiques*, 1898, SEIGNOBOS, *La méthode historique appliquée aux sciences sociales*, 1901.

(2) Voir *De la méthode dans les sciences*, par différents professeurs, 1909.

tenant avec soin l'originalité de l'histoire, dont l'objet, dit-il, est essentiellement de reconstituer, autant qu'il nous est possible, la vie intégrale de l'humanité, expose comment, sans prétendre à une rigueur qui n'appartient en réalité qu'aux mathématiques, l'histoire peut être une véritable science, si elle ne néglige aucune des ressources qui lui permettent de s'élever, dans une certaine mesure, du particulier et du changeant, au général et au permanent.

7. LA PHILOSOPHIE RELIGIEUSE

L'état des esprits, en France, au XIXᵉ siècle, était peu favorable au développement de la philosophie religieuse. La religion se défiait de la philosophie et celle-ci de la religion, en sorte qu'on s'accordait surtout en convenant tacitement de ne pas se mêler des affaires les uns des autres. Ces dernières années ont vu se produire, dans ces domaines, des mouvements nouveaux. En ce temps d'examen, de confrontation universelle, la religion et la philosophie ont dû s'interroger réciproquement sur leurs rapports : même pour rejeter la philosophie, la théologie a dû se faire philosophique.

Ce mouvement a été sensible du côté de l'église catholique.

A la suite d'une Encyclique publiée par le pape Léon XIII, le thomisme y a été cultivé avec beaucoup d'ardeur. Dans cette adaptation savante de l'aristotélisme à la foi catholique, on pensa trouver, en l'approfondissant, tous les arguments nécessaires pour réfuter toutes les fausses doctrines, tant anciennes que modernes ou contemporaines, et pour satisfaire à toutes les questions légitimes de la raison humaine.

Ce mouvement est représenté notamment par la *Revue thomiste*, par Gardair, Domet de Vorges, de la Bouillerie, Regnon, l'abbé Farges, l'abbé Elie Blanc, etc.

Dans le même temps s'est développé, au sein du catholicisme, un mouvement différent, né en partie de l'ouvrage d'Ollé-Laprune sur *la Certitude morale*, 1880. Ollé-Laprune s'efforçait de montrer que dans la certitude morale elle-même, telle que l'entendent le sens commun et la philosophie, est impliquée une croyance, laquelle ne diffère pas en nature de la foi religieuse proprement dite. Dès lors, foi et raison sont, dans le fond, unies : celle-ci dépend de celle-là ; et toute philosophie profonde se résout en philosophie chrétienne, en christianisme.

A la suite d'Ollé-Laprune, de consciencieux et ingénieux chercheurs ont développé toute une philosophie religieuse, tendant à montrer dans la religion, spécialement dans le christianisme catholique, la forme de vie et de pensée qui seule réalise les puissances essentielles de l'âme humaine. Tels : Maurice Blondel, Fonsegrive, Le Roy, Wilbois, Laberthonnière, etc.

Dans son livre de *L'Action*, 1808, Maurice Blondel expose que nulle croyance ne pourrait pénétrer et vivifier la nature d'un sujet voulant et agissant, s'il était sans rapport avec cette nature même. Si l'âme humaine doit devenir religieuse, c'est qu'elle l'est déjà, en quelque manière, dans le fond de son être. Et, de fait, l'action où tend la volonté proprement humaine est telle qu'elle ne peut être accomplie qu'en collaboration avec Dieu. Ou vouloir sans pouvoir, ou pouvoir en renonçant à se vouloir soi-même ; telle est la condition de l'homme.

La métaphysique de cette doctrine, notamment la question de son rapport à la certitude scientifique, a été developpée par Edouard Le Roy (1) et Wilbois (2), qui montrent la science tout entière, jusqu'aux faits qui lui servent de base, suspendue à l'activité libre de l'esprit.

Laberthonnière (3) insiste, d'autre part, sur le rôle essentiel de l'élément intellectuel, à côté de l'élément volontaire, dans la foi et la vie religieuses véritables.

Etudiant spécialement l'origine et la signification des dogmes, Edouard Le Roy (4) y distingue un sens théorique et un sens pratique, et soutient qu'au point de vue théorique le dogme a surtout une signification négative, mais qu'au point de vue pratique sa signification est vraiment positive, et que, en ce sens, le dogme chrétien est inattaquable. L'élément théorique du dogme, susceptible d'éclaircissement et de détermination progressive, a

---

(1) *Un positivisme nouveau* : Revue de Métaphysique et de Morale, 1901.

(2) *L'esprit positif*, 1901.

(3) *Le dogmatisme moral*, 1898.

(4) *Dogme et critique*, 1907.

d'ailleurs son rôle légitime et nécessaire, à côté de l'élément pratique.

Du côté du protestantisme également un renouveau s'est manifesté, provoqué notamment par l'enseignement d'Auguste Sabatier. Suivant la direction de Ritschl, Auguste Sabatier (1), à vrai dire, écarte de la théologie la philosophie non moins que le principe de l'autorité extérieure. Il voit naître la religion du sentiment de détresse qui envahit le cœur de l'homme lorsqu'il considère le contraste de grandeur et de misère qui caractérise sa nature ; il la fait consister essentiellement dans la prière du cœur et dans la délivrance ; et il est ainsi amené à distinguer radicalement entre la foi et les croyances : celles-ci, formulées, variables, accidentelles ; celle-là, seule fondamentale et vraiment surnaturelle.

Dans un sens analogue, Ménégoz (2) professe la justification de l'âme par la foi pure, indépendamment des croyances comme des œuvres ; il caractérise son système par l'expression de symbolo-fidéisme.

A ces tendances s'oppose Henri Bois (3), qui, rétablissant le rôle initial de l'élément proprement philosophique, place dans l'obligation et dans ses postulats, en tant que l'obligation s'adresse à l'homme tout entier, volonté, intelligence et sentiment, le vrai fondement de

(1) *Esquisse d'une philosophie de la religion d'après la psychologie de l'histoire*, 1897.

(2) *Publications diverses sur le fidéisme et son application à l'enseignement chrétien traditionnel,* 1900.

(3) *De la connaissance religieuse*, etc., 1894.

la foi et de la vie religieuse. Quant à l'expérience dite religieuse, elle n'est telle que par la croyance morale qu'elle enveloppe.

8. L'ESTHÉTIQUE

Indépendamment des travaux de laboratoire, qui jusqu'ici concernent la physique plutôt que la philosophie de l'art et du sentiment de la beauté, l'esthétique a suscité de nombreuses recherches, qui, sans prétendre à la rigueur des sciences de la matière, se distinguent par un souci opiniâtre de l'exactitude et de la valeur objective. La méthode des auteurs est, en somme, l'introspection, l'observation et l'analyse, aidées de toutes les ressources que peuvent offrir l'érudition et les sciences expérimentales. On peut citer, dans ce domaine, les noms de Sully Prudhomme, Gabriel Séailles, Jules Combarieu, Jean Pérès, Durand (de Gros), Bergson, Georges Lechalas, Robert de la Sizeranne, Dugas, Roussel-Despierres, Paul Souriau, Lionel Dauriac, Paul Gaultier, Paulhan, Albert Bazaillas. Il serait vain de prétendre répartir en écoles ces philosophes, dont les recherches sont très individuelles.

Sully Prudhomme (1) s'appliquant à observer en psychologue la manière dont nous saisissons les formes

____

(1) *L'expression dans les Beaux-Arts*, 1883. *Testament poétique*, 1901 et 1904.

comme proprement expressives, trouve le principe de l'expression artistique dans quelque élément commun à la forme et au sentiment, au domaine des sens et au domaine de l'âme, au physique et au moral, élément que sait, par sympathie, dégager le poète.

Gabriel Séailles (1), rapprochant le génie de la nature, les explique l'un par l'autre. Si la nature, déjà, est création, toute création, d'autre part, est poésie. Consciemment ou inconsciemment, l'être cherche et tend à réaliser l'idéal : cette tendance est son essence même.

Jules Combarieu (2) s'est efforcé de montrer dans la musique un langage devenu indépendant de celui qui constitue la poésie, l'expression directe d'une pensée musicale, non moins digne de ce nom de pensée que celle qui s'exprime par des mots.

Durand (de Gros) (3) estime que, pour pouvoir constituer la science objective du Beau, il faut trouver un instrument de mesure exacte, s'appliquant aux conditions physiques qui déterminent notre sentiment de beauté, comme le thermomètre s'applique à l'agent physique de notre sensation de chaleur.

Henri Bergson (4) voit le comique dans la solidification, en grimaces durables, des expressions mouvantes d'une physionomie où voudrait se manifester l'effort

----

(1) *Essai sur le génie dans l'art*, 1883. *Léonard de Vinci, l'artiste et le savant*, 1892.

(2) *Les rapports de la musique et de la poésie*, 1893.

(3) *Nouvelles recherches sur l'esthétique et la morale*, 1898.

(4) *Le rire, essai sur la signification du comique*, 1900.

infini de la vie : c'est le mécanisme de la matière, opprimant un moment la liberté inadmissible de l'esprit.

Paul Souriau (1) soutient qu'il est une beauté réellement distincte du sentiment subjectif de l'individu, et que le critère de cette beauté, critère foncièrement rationnel, n'est autre que la perfection évidente.

Lionel Dauriac (2) distingue, de l'acoustique musicale, laquelle ne concerne que l'oreille, l'esprit musical, qui seul fait le musicien. L'esprit musical est une sorte de faculté spéciale de l'âme ; il a pour fonction l'appréhension synthétique, donc intellectuelle, des éléments quantitatifs de la mélodie : mouvement, mesure, rythme.

Albert Bazaillas (3) voit dans la musique, production naturelle et spontanée, source d'union intime entre les âmes, une révélation de la vie inconsciente de l'esprit, plus directe et plus profonde que celle qui se trouve dans la pensée claire.

9. LES TRAVAUX HISTORIQUES

Un service incontestable de l'éclectisme avait été de provoquer de nombreux travaux dans le domaine de l'histoire de la philosophie. Toutefois la préoccupation de contribuer au progrès de la philosophie elle-même ris

(1) *La beauté rationnelle*, 1904.
(2) *Essai sur l'esprit musical*, 1904.
(3) *Musique et Inconscience* ; *Introduction à la psychologie de l'Inconscient*, 1908.

quait souvent d'offusquer, dans une certaine mesure, la vue de l'historien. Avec la dissolution de l'éclectisme, l'esprit historique acquit sa pleine autonomie. Et nombreuses se firent les œuvres où le souci essentiel de l'auteur est d'atteindre, dans la reconstruction et l'explication des doctrines étudiées, à la pure vérité objective.

Non seulement l'histoire de la philosophie fut ainsi émancipée de la philosophie ; mais l'idée se fit jour de l'affranchir de la loi même d'une dialectique immanente et d'une continuité spéciale, reliant entre elles les créations des grands philosophes. On vit dans une doctrine philosophique un phénomène donné, qu'il s'agit d'analyser et d'expliquer comme s'il s'agissait d'un phénomène naturel quelconque, dont les causes peuvent être cherchées aussi bien en dehors des phénomènes similaires antérieurs que parmi ces phénomènes.

C'est en ce sens que Paul Tannery (1), s'appliquant à démêler la genèse des principales doctrines antésocratiques, la trouve, non dans une élaboration logique de concepts abstraits, mais dans le développement des données scientifiques de l'époque, et dans les réflexions que suscitaient les conditions d'existence de la société d'alors. Il n'est plus question ici de contempler le système achevé du philosophe, dans son harmonie interne, ni de faire circuler à travers les systèmes successifs la *perennis philosophia* de Leibnitz : l'histoire de la philosophie se résout en recherches isolées, dont les sujets

____

(1) *Pour l'histoire de la science hellène*, 1887.

sont ce qu'on désigne communément sous le nom de concepts philosophiques, mais dont les résultats consistent à réintégrer les phénomènes philosophiques dans l'histoire générale des sciences et de la vie humaine.

Adoptées ou contestées, ces idées s'imposèrent à l'attention des historiens français de la philosophie. On prit une conscience nette de l'importance que peuvent avoir, dans la genèse d'un système philosophique, des facteurs qui, en eux-mêmes, ne sont pas philosophiques, et on se défia de la disposition à enchaîner logiquement les systèmes les uns aux autres, abstraction faite des circonstances environnantes, comme si l'ensemble de leur développement devait tendre nécessairement vers la réalisation de la philosophie idéale. On fit ainsi des études historiques spéciales, plutôt que des recherches d'ensemble sur l'orientation générale de la philosophie.

Toutefois, l'intérêt pour la valeur réelle et pour le rôle des grandes doctrines philosophiques est resté très vivant, comme en témoignent les plus récentes mêmes des publications françaises relatives à l'histoire de la philosophie.

Dans ce domaine ont travaillé : Renouvier, Ravaisson, Lachelier, Penjon, Emile Boutroux, Brochard, **Paul Tannery**, Espinas, Pillon, Dauriac, Georges Lyon, Lévy-Bruhl, Thamin, Mauxion, Georges Noël, Rodier, Gaston Milhaud, Elie Halévy, Picavet, Alengry, Xavier Léon, Basch, Delbos, H. Berr, Karppe, Louis-Germain Lévy, Piat, Albert Lévy, Albert Rivaud, Bréhier, Robin, Léon Bloch, etc.

III

Si, ayant ainsi passé en revue les principales directions suivant lesquelles s'est exercée en France, durant
ces trente dernières années, l'activité philosophique, on
essaie de tirer de ce travail quelques conclusions générales, une question qu'il paraît intéressant de poser est
celle de savoir si le tableau que nous avons tracé représente simplement le mouvement philosophique en France,
ou si l'ensemble de ce mouvement est marqué de caractères proprement français. On s'accorde généralement à
attribuer une marque anglaise, française, allemande, aux
grandes œuvres philosophiques nées en Angleterre, en
France, en Allemagne pendant les siècles derniers. En
est-il encore de même au siècle présent ? Etant donné
les relations étroites de beaucoup des philosophes dont
nous venons de parler avec les philosophes étrangers, la
multiplicité des traductions qui ont mis nombre d'œuvres
importantes à la disposition de tous, peut-il être question
d'un caractère national inhérent aux productions philosophiques ?

Le premier trait, semble-t-il, de l'ensemble des travaux
que nous venons d'énumérer, c'est l'effort pour penser
d'une façon véritablement universelle, en s'évadant le
plus possible de toute tradition d'école, si large qu'on la
suppose. Si vraiment ce trait existe, il n'est pas, ici, sans
intérêt ; car on sait que c'était, à l'en croire, la préten-

tion de Descartes, d'ignorer si quelqu'un avait pensé avant lui. Du moins voulait-il dire qu'il travaillait, de toutes ses forces, à penser suivant les principes de la raison en soi, de la raison une et universelle. Et ce trait même est communément jugé français.

En second lieu, la tendance à unir la philosophie aux sciences positives, en particulier aux sciences mathématiques, est visible chez un grand nombre de nos philosophes. Ils ont peine à admettre plusieurs sortes d'évidence ; et celle des sciences positives, en particulier des sciences mathématiques, ou physico-mathématiques, leur paraît volontiers l'évidence par excellence. Ils cherchent, en philosophie, une évidence semblable ou analogue ; et s'ils trouvent qu'établie sur telle ou telle base distincte et spéciale la philosophie ne comporterait pas une telle évidence, ils inclineront à absorber la philosophie dans les sciences, plutôt qu'à reconnaître des sciences de l'esprit qui seraient radicalement hétérogènes à l'égard des sciences de la nature.

Sur ce point encore nos philosophes paraissent les héritiers des Descartes, des Malebranche, des Auguste Comte.

Enfin, à travers l'influence considérable que les sciences positives ont exercée sur leurs spéculations, nos philosophes n'ont pas renié ces subtiles études du cœur humain où avaient excellé les moralistes français des XVIIe et XVIIIe siècles. Chez nos psychologues les plus attachés à l'expérimentation objective, l'étude déliée du côté subjectif des phénomènes ne fait pas défaut. Nos moralistes se penchent sur la vie morale, pour l'observer et l'analyser directement, à la manière de leurs devanciers. Et, traité quelque temps d'épiphénomène inerte, le côté subjectif de la conscience est vite redevenu, chez nous, une réalité, et a repris, dans la science, une place de plus en plus importante. Bien plus, c'est dans un approfondissement subjectif de la conscience que s'est produite l'une des tentatives les plus originales de notre philosophie actuelle.

Ainsi cette philosophie, en même temps, certes, qu'elle se rend de plus en plus solidaire des recherches philosophiques accomplies dans les autres pays, conserve, d'une manière générale, certains caractères considérés comme particulièrement saillants dans le génie français.

Peut-on, maintenant — c'est une seconde et dernière question, que nous nous poserions volontiers — peut-on se faire une idée de la marche d'ensemble de cette philosophie, et y démêler une tendance générale ?

Le phénomène qui frappe les yeux, c'est le détachement successif de toutes les branches que supportait et animait d'une sève commune le tronc de la philosophie classique.

A la philosophie se substitue une multiplicité de sciences distinctes et autonomes : psychologie, sociologie, logique des sciences, histoire de la philosophie, aussi indépendantes, semble-t-il, d'une philosophie centrale que peuvent l'être la physique ou la chimie. On dirait que le temps approche où la philosophie, comme telle, aura vécu, et sera remplacée, purement et simplement, par une collection de sciences philosophiques, c'est-à-dire par quelques unités ajoutées à la liste des sciences positives.

Dira-t-on que cet effort d'analyse doit, selon une loi générale de l'esprit humain, être suivi quelque jour d'un effort de synthèse ; que les philosophes d'aujourd'hui préparent les matériaux au moyen desquels les constructeurs futurs bâtiront des édifices.

Pareille conjecture serait sans doute gratuite, car aucun indice ne la justifie. Bien plus, le sens de la valeur des synthèses philosophiques, qui n'a jamais été très vif dans notre pays, paraît aujourd'hui plus émoussé que jamais. On estime téméraire et vain de fabriquer une vérité dite métaphysique, en assemblant, par un travail subjectif, si ingénieux soit-il, les résultats de l'analyse des phénomènes.

On ne saurait se le dissimuler : l'exacte substitution, à une philosophie une et centrale, de sciences philosophiques autonomes, exclusivement fondées sur les sciences positives correspondantes, n'est pas une évolution, c'est un évanouissement de la philosophie. Celle-ci, pour être, exige deux conditions : 1º la conception des choses au point de vue de l'unité : une philosophie est essentiellement un effort pour dominer l'ensemble des connaissances humaines et les ramener à un principe commun ; 2º un principe d'unité puisé dans la nature humaine. La philosophie veut, non seulement connaître, mais comprendre, et, par là même, apprécier. Or, comprendre, c'est rapporter à soi. Un certain anthropomorphisme est ainsi impliqué dans l'idée même d'une philosophie. L'homme comprend les choses, dans la mesure où il s'y retrouve.

Or, par définition, les sciences positives déshumanisent la nature, et ignorent si les choses se ramènent de quelque manière à l'unité. Parties du multiple, elles tendent vers l'unité, mais il leur est interdit de prendre jamais leur but pour un principe, et de considérer comme réelles en soi les réductions mêmes que jusqu'ici l'expérience n'a pas démenties.

De la science donnée, en un mot, ne peut procéder scientifiquement qu'une science plus exacte ou plus générale, ou bien encore cette science provisoire que l'on appelle hypothèse, mais non jamais une spéculation répondant au nom de philosophie. Au point de vue scientifique, toute généralité que l'on rattache à la science est, ou science pure, ou pur verbiage.

Si donc on prenait à la lettre l'intention que manifestent parfois les sciences philosophiques, détachées du tronc commun, de ne plus rien savoir d'une philosophie centrale, et de se nourrir exclusivement de la sève des sciences positives, il conviendrait, pour voir les choses telles qu'elles sont, de reconnaître que le présent mouvement tend à l'abolition complète de la philosophie, et à son remplacement pur et simple par les sciences.

Mais est-il bien sûr qu'en se détachant d'une philosophie dont le dogmatisme les gêne, les sciences philosophiques, telle qu'elles se développent sous nos yeux, ne tendent qu'à s'absorber et à se fondre dans les sciences positives ?

De l'étude même que nous venons de faire il ressort que, tandis que la science tourne ses regards vers le côté général des phénomènes, cherchant de quel biais il faut les prendre pour les faire rentrer dans les catégories déjà établies, nos philosophes s'appliquent à discerner l'élément spécifique et vraiment caractéristique des choses, ce qu'elles ont de propre, d'unique peut-être, en quoi consiste véritablement leur existence. Au sens du général, qui est la marque du savant ils ajoutent ou ils opposent le sens du réel, du vivant, de l'être pleinement concret et déterminé. Et, comparant ce qui est avec ce que la science explique, ils signalent infatigablement un hiatus entre ces deux termes. Ils maintiennent, pourrait-on dire, les droits de l'expérience vivante et complète, en face de l'expérience artificielle et systématique qu'institue la science.

A ce premier trait, qui déjà différencie nos philosophes des purs savants, s'en joint, chez un grand nombre, un second plus caractéristique encore.

Tandis que la science n'étudie que ce qui est donné et n'appelle explication que la réduction d'un fait à un autre fait, considéré comme plus général, nombre de nos philosophes, estimant que la vie créatrice est plus réelle encore que ses manifestations et ses produits, recherchent avec prédilection, non seulement les phénomènes physiques et moraux les plus intimes, mais les sources et la genèse des mœurs, de l'art, de la religion, de la science et de l'expérience même. Or, dans cette étude, plus d'un se trouve conduit à considérer, par delà les faits proprement dits, c'est-à-dire les réalités actuelles, saisissables avec les sens, le travail interne et subjectif de l'esprit, la puissance vivante qui dépasse en réalité et en richesse toutes les formes concrètes par lesquelles elle se manifeste. Ainsi se développent des spéculations philosophiques qui vraiment se distinguent de la science, puisqu'elles en recherchent les conditions et la signification, puisqu'elles visent à découvrir comment se forment, et les faits que la science observe, et les modes de connexion objective que la science suppose.

Enfin, à travers leur préoccupation inviolable de respecter la science, de se mettre à son école, de s'appuyer sur ses résultats, nos philosophes n'ont cessé de se consacrer à l'étude et à la défense de principes que l'on ne peut que bien arbitrairement relier aux vérités scientifiques : les idées de droit et de devoir, de justice, de dignité et de fraternité humaine. Dévoués à la science, ils restent des apôtres de l'idéal. Ils entendent ne pas séparer la connaissance de ce qui est et la poursuite de ce qui doit être.

Est-il donc évident qu'en plaçant son point de départ dans la science, et non plus, comme chez Descartes et ses successeurs, dans la raison, la philosophie française se soit mise dans l'alternative, ou de doubler inutilement la science, ou d'y superposer un vain bavardage ? Il semble bien que le fait de partir de la science ne détermine pas à lui seul la direction que prendra la pensée du philosophe et les résultats où il aboutira. L'expression même de philosophie scientifique, très répandue aujourd'hui, comporte plus d'une interprétation, et pose un problème plutôt qu'elle ne désigne une doctrine clairement définie. La science ne fait pas à elle seule la philosophie de la science.

Il est vrai que nous ne voyons pas que les philosophes français se disposent à composer une nouvelle synthèse métaphysique, analogue à celles de Spinoza ou de Hegel. Mais n'y a-t-il d'autre manière de philosopher que de bâtir des systèmes ? L'histoire même de la philosophie ne nous montre-t-elle pas les systèmes s'effondrant les uns après les autres, et la philosophie survivant à leur destruction ?

Les systèmes ont leur légitimité, leur grandeur et leur rôle utile : ils objectivent une certaine face de l'esprit, et par là même lui confèrent un relief et une consistance durables. Mais, distinct des systèmes, l'esprit philoso-phique, lui aussi, est une réalité. C'est lui qui, pour un temps, s'est incarné dans tel et tel système ; il ne cesse pas d'être et d'agir, aux yeux de ceux-là mêmes qui renoncent à créer des systèmes nouveaux.

L'esprit philosophique est, sous sa forme réfléchie, la puissance de création intellectuelle et morale. Il engendre les concepts que l'expérience et la pratique confronteront avec les faits et avec les conditions de la vie, pour fixer, sous forme de lois de la nature ou de règles de conduite, ceux qui soutiennent victorieusement la confrontation. L'esprit philosophique aura achevé son œuvre et s'éva-nouira faute d'exercice et de raison d'être, le jour où tout l'être et tout le devoir-être seront condensés à tout jamais dans des formules adéquates. Il n'est guère hasardeux d'admettre que ce jour ne viendra jamais. L'esprit philosophique, donc, à la fois fleur et racine de la science et de la vie, est autre chose que la vie et la science, bien qu'il ne s'en puisse séparer. Il peut se maintenir, avec son originalité et sa fécondité, chez ceux-là mêmes qui ne veulent penser que sous la conduite des sciences.

C'est, semble-t-il, cet esprit philosophique, plutôt que le goût des spéculations dogmatiques, qui est en ce moment vivant et vigoureux dans notre pays. Ce n'est point là un phénomène entièrement nouveau. L'objet suprême que Descartes assignait à sa méthode n'était pas la construction d'un système. c'était la culture de la raison humaine. *Studiorum finis esse debet ingenii directio ad solida et vera de iis omnibus quæ occurrunt proferenda judicia*, lisons-nous en tête des *Regulæ ad directionem ingenii*. Chez un Pascal, un Rousseau, un Voltaire, un Renan, qui ont eu chez nous tant d'influence, nous trouvons un certain esprit philosophique, vivant et agissant, bien plus que des doctrines arrêtées et fixées à la manière d'un système, De même, aujourd'hui, ce que nous offrent les œuvres de nos philosophes, c'est surtout un effort de l'esprit philosophique, c'est-à-dire de l'esprit, pour prendre conscience de lui-même à travers les sciences et les institutions, qui, nées de lui, tendent constamment à se détacher de lui et à exister en soi ; et c'est, par là même, un effort pour conserver et déployer sa fécondité, tant dans l'ordre théorique que dans l'ordre pratique.

Dans l'ordre théorique, l'esprit philosophique cherche,

d'une manière générale, à déterminer de plus en plus rigoureusement les conditions de la réduction des choses en idées claires.

Dans l'ordre pratique, il cherche à définir et à faire régner, dans les rapports concrets des individus, des sociétés et des nations, les notions vraies de droit et de devoir.

L'esprit philosophique qui, en France notamment, adhère de toutes ses forces aux réalités, et par cela même, s'unit intimement à l'esprit scientifique, n'est pas inerte et inutile. Il a une maxime qui lui est propre, et qui ne peut servir que la science comme la vie pratique. On pourrait la formuler ainsi : Par la vérité, pour la justice.

LA PHILOSOPHIE DE FÉLIX RAVAISSON (1)

« Le meilleur est toujours d'abord ».
(RAVAISSON, *Rev. de Mét. et de Mor.*, t. I, p. 25.)

Il serait plus que téméraire de prétendre donner un résumé de la philosophie de M. Ravaisson ; car lui-même,
inaugurant, en 1893, la *Revue de Métaphysique et de Morale*, y a publié un article où, dans quelques pages aussi
riches d'idées que larges et belles de style, il a su mettre
toute la substance de ses principales doctrines. Mais il
nous sera permis, pour rendre hommage à cette vénérée
et chère mémoire, de repasser la série des travaux dont
l'article de la *Revue* nous a exposé le résultat, de manière
à pénétrer plus profondément les raisons des doctrines,
et, par là même, peut-être, d'en mieux comprendre la
portée.

C'est en 1838 que M. Ravaisson, alors âgé de vingt ans,
entra dans la carrière philosophique. Il triompha avec
éclat dans un concours ouvert par l'Académie des sciences

(1) *Revue de métaphysique et de Morale*, novembre 1900.

morales et politiques sur la métaphysique d'Aristote. Le
dessein de V. Cousin, en choisissant ce sujet, avait été
principalement de provoquer des recherches d'érudition
sur le grand philosophe grec, jadis oracle des intelligences,
alors presque tombé dans l'oubli. Quant à chercher en
même temps dans la métaphysique du Stagirite un point
d'appui contre le matérialisme de Broussais, contre le
positivisme de Comte, dont les Blainville, les Poinsot, les
Esquirol saluaient les débuts avec enthousiasme, Cousin
n'eut garde d'y songer. Car lui-même jugeait qu'à l'encontre de Platon, Aristote avait incliné vers le sensualisme, et que le développement historique de l'école péri-
patéticienne attestait cette tendance initiale.

Félix Ravaisson aborda son sujet avec une entière
liberté d'esprit. Il ne demanda qu'à Aristote la signification et la tendance de la doctrine d'Aristote. Mais il le lut
en entier, avec un soin, une érudition, une méthode, un
effort et une puissance de réflexion qu'on n'eût pas atten-
dus d'un si jeune homme. Il aboutit à des résultats très
différents de ceux que prévoyait Cousin. Sans doute, dit-il,
à l'opposé des premiers philosophes, qui prétendaient expliquer toutes choses par la matière, Platon est venu montrer que la matière ne se comprend que par l'Idée. Mais
Platon n'a pas dépassé le seuil du spiritualisme. Aristote
montre que son Idée, qui n'est en somme que le général,
laisse inexplicable un élément essentiel à l'être réel, à
savoir le mouvement vers une forme déterminée, la vie
avec sa finalité, l'individualité. Et il cherche le principe
premier dans l'intelligence, source de l'Idée, activité véri-

tablement suprasensible et réelle. Loin donc qu'il ait rétrogradé vers le sensualisme et le matérialisme, Aristote a, bien plus complètement que son maître, surmonté ces doctrines : il est le véritable fondateur de la métaphysique spiritualiste.

Est-ce à dire qu'il en ait trouvé l'expression parfaite et définitive ?

Si nous observons le mouvement de la philosophie grecque après Aristote, nous voyons les Stoïciens et les Epicuriens, séparant ce qu'Aristote avait uni, s'attachant, les uns à l'acte, les autres à la puissance, et, concevant leur principe sous la forme matérielle, s'engager, en confrontant mutuellement leurs doctrines, dans un conflit sans issue. Puis viennent les Néo-platoniciens, qui, mal satisfaits de la νόησις aristotélicienne, prétendent s'élever plus haut encore, et retombent, en réalité, dans la philosophie de l'Idée, du général, des abstractions vides, qu'avait dépassée Aristote.

Telle est la thèse historique, profonde et originale, à laquelle aboutit Ravaisson. Mais, dès cette époque, s'il lit pour connaître et pour comprendre, s'il entre, avec une pénétration singulière, dans la pensée de ceux qu'il étudie, il ne s'en tient pas à une reconstitution historique du développement des systèmes. Il demande aux grands esprits des enseignements pour avancer dans la connaissance de la vérité elle-même, pour établir les principes de la philosophie théorique. L'histoire est, à ses yeux, comme une dialectique vivante, qui réfute les hypothèses fausses, et qui dégage les idées vraies et fécondes. Or, dès maintenant, à la lumière de la philosophie grecque, il aperçoit, qu'il n'y a, en définitive, que deux systèmes possibles : le matérialisme et le spiritualisme. Quant à l'idéalisme, ne sachant, en somme, opposer à la philosophie de la matière, laquelle du moins saisit un être réel, autre chose que des abstractions, il risque toujours d'y retomber et de s'y abîmer. L'événement, toutefois, a montré que le spiritualisme d'Aristote est imparfait. Ce système recèle un **vice** radical. Le philosophe, procédant par analyse, a recommencé par séparer la puissance et l'acte, et par les opposer l'une à l'autre comme deux entités véritables, concevables chacune en elle-même. Il cherche ensuite à déterminer leur/rapports. Mais ces deux termes, une fois disjoints de la sorte, ne peuvent plus se réunir. Le progrès de la réflexion ne conduit qu'à les opposer toujours davantage, ou à faire rentrer l'un dans l'autre. Donc ce qui reste à faire, après Aristote, c'est de trouver un point de vue, non plus analytique, mais synthétique, du haut duquel ces deux termes, l'être et l'un, le réel et l'idéal, la puissance et l'acte, apparaissent comme solidaires et inséparables, **en** même temps que comme véritables l'un et l'autre et logiquement distincts. Ce point de vue ne serait-il pas celui de l'âme vivante, qui, au lieu d'observer les choses ou les Idées des choses, rentre au plus profond d'elle-même **et** cherche à saisir, en usant de toutes ses puissances **tant** actives qu'intellectuelles, ce qui fait proprement son **être** et son activité ? Et l'aristotélisme ne serait-il pas comme une introduction au christianisme, qui précisément, excitant en nous et du même coup éclairant la vie spirituelle, nous fait pressentir au plus profond de notre moi, la personnalité parfaite, dont la vie est éternellement conscience amour et condescendance ?

***

La tâche que son étude de la philosophie d'Aristote lui avait fait concevoir, Félix Ravaisson travailla dès lors à la remplir. Et c'est à cette œuvre encore qu'il travaillait, quand, à quatre-vingt-sept ans, la mort est venue le surprendre.

Dans sa thèse sur l'*Habitude* (1888), il cherche si l'existence de la matière, avec sa passivité et son mouvement machinal, constitue une pierre d'achoppement pour une philosophie qui viserait à dériver de la conscience les premiers principes de l'être en général. Il remarque que le phénomène de l'habitude vient mettre un trait d'union entre la matière et l'esprit ; car, sous son influence, les actes libres de l'un se rapprochent indéfiniment du mouvement machinal de l'autre. Quelle est, dès lors, la signification de l'habitude ? Prouve-t-elle que la matière se ramène à l'esprit, ou que l'esprit n'est, au fond, que de la matière ? Si l'habitude s'explique par la loi mécanique de l'inertie, elle donne gain de cause au matérialisme. Si, au contraire, l'inertie qui s'y manifeste ne s'explique que par une activité analogue à celle de l'esprit, c'est le spiritualisme qui est le vrai. Or, selon la ferme et élégante démonstration de M. Ravaisson, toute habitude est nécessairement l'habitude d'un certain être, doué d'une identité véritable, et par conséquent, implique une activité déterminée, une activité proprement dite. Le résultat de cette étude, c'est la conception de la matière comme dégradation de l'esprit ou du moi.

Qu'est-ce maintenant que le moi ?

Dans l'article sur la philosophie contemporaine qu'il écrivit en 1840, à l'occasion de la publication de la traduction française des *Fragments de Hamilton*, M. Ravaisson traite pour elle-même cette nouvelle question. Il est en présence de la doctrine écossaise suivant laquelle la conscience n'atteint que des faits, analogues aux faits physiques, et, par suite, est aussi incapable que les sens de saisir l'être, la cause, le fonds substantiel des choses. Son examen de la philosophie d'Aristote lui a fait voir que, quand on conçoit la tâche de la philosophie comme une marche du multiple à l'un, des éléments au tout, on se met dans l'impossibilité de l'accomplir. Les principes fondamentaux, une fois posés comme des entités séparées et concevables par elles-mêmes, ne se laissent plus réunir. Pareillement, Félix Ravaisson estime que, les phénomènes étant une fois considérés à part et isolés de l'être, il n'est pas d'artifice qui puisse en faire sortir l'être et le réintégrer. Ce fut le vice du kantisme de chercher si l'esprit a le droit de passer de ce qui apparaît à ce qui est en soi, comme si ce qui apparaît était donné d'abord et séparément. M. Ravaisson estimait que combattre cette hypothèse, c'était s'attaquer à l'erreur radicale du spiritualisme moderne, erreur qui le condamnait à retomber, tôt ou **tard**, au matérialisme.

Sur la trace de Biran, il conçut une réflexion de l'âme sur elle-même, tout autre que celle de Kant et des Ecossais. Il jugea que l'origine de l'erreur se trouvait dans le parti pris de ne faire appel qu'à l'entendement proprement dit, à la faculté des concepts abstraits et distincts, et que la vraie méthode philosophique était la réflexion vivante où concourent toutes nos facultés, le cœur avec la raison le sentiment avec l'intelligence. Le problème était, par l'emploi de cette méthode, vraiment métaphysique, de saisir la substance même de l'âme, dans sa vérité et dans sa plénitude. Or à la conscience ainsi éveillée et déployant toutes ses puissances, l'âme, selon Ravaisson, d'abord se révèle volonté, effort, comme l'a vu Biran. Mais ce n'est pas tout. L'effort, au point de vue exprès de la conscience, ne saurait se suffire. Il suppose finalité, donc tendance et désir. Et le désir lui-même suppose le sentiment d'une union déjà commencée, d'une union nécessaire avec un être déterminé, c'est-à-dire l'amour. L'amour, tel est le fond, telle est la substance de l'âme. Je dois aller jusque là dans la recherche de l'essence du moi, et je dois savoir m'arrêter là. Car en prétendant aller plus loin, je ne pourrais que rétrograder vers les formes vides et les causes matérielles.

En trouvant ainsi dans le moi, non seulement la pensée, mais l'activité et l'amour, ai-je atteint, avec le sentiment de l'être véritable, l'être premier et absolu lui-même ?

Une fière doctrine antique, celle des stoïciens, expose Ravaisson dans le mémoire sur *La morale des Stoïciens* (1850), partant de ce principe que la raison est véritablement le fond de toutes choses, égale à Dieu même le sage, en qui elle se réalise dans la plénitude. Le sage est Dieu, puisqu'il a en lui l'essence de la perfection ; il est même, en réalité, plus grand que Dieu, puisqu'il conquiert par lui-même et par son libre effort la sagesse que Dieu ne fait que tenir passivement de sa nature.

Orgueilleuse folie, selon Ravaisson. L'amour, fond de notre être, en nous est imparfait. Il est le besoin de l'union avec un être meilleur que nous. Il est grand, il est puissant, dans la mesure où il est abnégation et sacrifice. Mais en même temps il nous fait pressentir ce qu'est l'être parfait dont il nous atteste la présence. Cet être est l'amour infini, par conséquent l'être qui se donne, qui se sacrifie par une grâce toute gratuite, et qui, du vide qu'il creuse ainsi en soi, fait une existence réelle aux créatures.

Ainsi se trouvent posées, sur le terrain préparé par Aristote, et grâce à la réflexion de la conscience vivante, les bases de la véritable métaphysique de la nature, de l'homme et de Dieu.

Lorsqu'à l'occasion de l'Exposition universelle de 1867, M. Ravaisson fut chargé d'écrire un *Rapport sur la philosophie en France au XIXe siècle*, il vit dans ce sujet premièrement une matière historique très intéressante, dont il s'agissait de dégager les parties essentielles et les idées maîtresses, ainsi qu'il avait fait jadis à propos des ouvrages des philosophes grecs ; en second lieu une pierre de touche, qui lui permettrait de contrôler la valeur de sa propre philosophie. Si scrupuleuse en effet et si attentive que soit la réflexion d'un penseur solitaire, elle risque toujours de se réduire, en définitive, au simple travail d'un esprit individuel. Le donné, en métaphysique, n'offre pas un critérium précis, comme dans les sciences positives. Reste, comme garantie, l'accord des intelligences. C'est pourquoi M. Ravaisson, en même temps qu'il résumait, avec une ampleur d'informations, une sûreté de coup d'œil et une puissance de concentration incomparables, les principaux travaux philosophiques du siècle, se demanda quelles étaient les tendances de ces doctrines, si elles formaient un chaos d'opinions individuelles contradictoires, ou si une certaine convergence s'y manifestait, et, dans ce cas, quel était le terme vers lequel elles étaient orientées. Et il trouva que, d'une manière générale, nos philosophes concevaient deux manières d'expliquer les choses : l'une qui en cherche la raison dans les éléments dont elles se composent, faisant ainsi dépendre la forme de la matière ; l'autre, qui pose le parfait avant l'imparfait, le supérieur avant l'inférieur, le tout avant les parties. Cette distinction planant en quelque sorte dans les esprits, il lui sembla que tous, plus ou moins consciemment, plus ou moins clairement, mais avec d'autant plus de précision que leur travail de réflexion s'était poursuivi davantage, en étaient venus à subordonner l'explication mécaniste à l'explication finaliste, et à concevoir l'esprit vivant, conscient et personnel, comme la raison et le principe de tout. Sans doute, à considérer isolément telle ou telle partie, telle ou telle phase d'un système, on peut trouver cette loi en défaut. Mais si, comme il est juste, on envisage les systèmes dans leur ensemble, dans leur vie interne et leur tendance générale, on les verra tous attirés en quelque sorte et pénétrés plus ou moins profondément par la doctrine de l'esprit universel.

Voici, par exemple, le positivisme d'Auguste Comte. Au début, il ramène le supérieur à l'inférieur, ne mettant entre celui-ci et celui-là qu'une différence de complexité. Mais quand il en arrive à l'étude des êtres vivants, il constate que certains phénomènes relativement supérieurs, le mouvement, par exemple, et la sensation, commandent des phénomènes d'ordre inférieur, qui jouent à leur égard le rôle de moyens. Et il aboutit à professer expressément qu'en réalité c'est le supérieur qui explique l'inférieur. l'humanité qui explique la nature. De là. dit Ravaisson, à reconnaître dans la perfection un principe d'action efficace, il n'y a qu'un pas.

D'autre part, Vacherot se propose expressément de s'enfermer dans l'idéalisme. Le réel, disait-il, se connaît, l'idéal se conçoit seulement, et ne peut exister. Mais si l'on considère avec quelle force Vacherot fait ressortir que toute chose limitée et imparfaite ne se peut comprendre sans l'infinité et sans la perfection, quelle réalité et quelle efficace il attribue à l'action, laquelle apparemment n'est pas une chose matérielle, on voit peu à peu son idéalisme s'orienter vers le spiritualisme.

De même encore, le demi-spiritualisme de quelques éclectiques, qui voudraient faire à la matière, au mécanisme, à la chose brute et impénétrable, une part à côté de l'esprit et de la finalité, apparaît à Ravaisson comme un équilibre instable, qui tend constamment à se fixer, soit dans le spiritualisme véritable, soit dans le matérialisme.

Ou matérialisme, ou spiritualisme, telle est l'alternative qui se dégage du mouvement de la philosophie en France au XIX° siècle. Or la question, ramenée à ces termes, est certes, à moitié résolue, parce que l'insuffisance du matérialisme est généralement reçue pour manifeste. L'effort de M. Ravaisson tend donc à dissoudre les vains systèmes qu'un attachement persistant aux sens et à la matière nous induit à imaginer comme intermédiaires entre le spiritualisme et le matérialisme. L'histoire de la philosophie, selon lui, opère déjà d'elle-même cette simplification, et, d'elle-même aussi, annonce le triomphe universel de la philosophie de l'esprit.

C'est ainsi que la doctrine de M. Ravaisson, en même temps qu'elle trouve dans l'examen des travaux des autres philosophes une précieuse confirmation, se définit et s'établit de mieux en mieux elle-même à travers ces nombreuses recherches. Les points essentiels se dégagent, les preuves se multiplient, l'expression devient et plus concise et plus riche ; une pensée de plus en plus sûre d'elle-même traduit des idées de plus en plus hautes en images de plus en plus belles et saisissantes, sans rien leur enlever de leur précision.

En même temps qu'il cultiva la philosophie pure, M. Ravaisson consacra aux arts une part considérable de son activité et de sa vie. Etait-ce être très fidèle à la métaphysique ? Telle n'était pas son intention, car il aimait à citer le mot de Descartes, suivant lequel il convient de ne donner à l'exercice de l'entendement pur que la plus petite partie de son temps, mais d'en réserver la plus grande au relâche de l'imagination et des sens. D'ailleurs les arts ne sont-ils pas, eux aussi, un effort de l'esprit pour saisir et rendre ce qu'il y a de plus parfait, d'éternel et d'essentiel dans la nature et dans l'homme ? Et ne peuvent-ils, eux aussi, ainsi que l'histoire de la philosophie ou manifestation du travail de la pensée proprement dite, nous fournir une pierre de touche pour juger les doctrines, et des enseignements pour accroître notre connaissance du vrai ? Le génie est comme une révélation naturelle. Pourquoi ne l'interrogerions-nous pas sur ses intuitions ?

Or quelle est la conception des choses que trahissent les créations du génie ?

L'art veut assurer à ses œuvres l'immortalité ; et le moyen qu'il emploie pour y parvenir, c'est de les vêtir de beauté, comme du caractère qui, entre tous, les rendra précieuses. Et ce n'est pas seulement dans sa forme, mais dans sa matière que l'art célèbre la puissance de la beauté. Il choisit les sujets qui la montrent plus forte que la force, que la masse, que la violence. La *Vénus de Milo* (1892), s'il est vrai qu'elle était groupée avec un guerrier analogue au guerrier Borghèse, est comme le symbole de la signification générale de l'art. « A voir la manière dont Vénus se tourne vers le guerrier, on devine qu'elle vient de lui adresser des paroles de tendresse auxquelles elle attend une réponse. Et lui, toute sa contenance indique avec quelque hésitation il va céder pourtant, il cède déjà à l'appel persuasif de la déesse. »

Qu'est-ce, plus précisément, que cette beauté, que l'art imite et représente ? C'est tout d'abord l'harmonie, la parfaite docilité de la matière à l'égard de la forme. Ni trop peu de détails : la forme serait vide ; ni trop de variété : la forme éclaterait. Pour être belles, les choses veulent être vues, soit de loin et de haut, soit, comme dit Léonard, par une lumière voilée et rare, qui fait disparaître sous l'unité, au profit de la grandeur, l'excès de la multiplicité.

La forme belle n'est pas un composé qu'on puisse fabriquer en assemblant, suivant une règle matérielle, des éléments géométriques. Le type de ligne que l'art affectionne est la ligne serpentine, dont jamais la géométrie ne trouvera l'équation.

Il y a des degrés dans la beauté. La proportion n'est pas la beauté suprême. Plus belle que la beauté proprement dite est la grâce, expression de l'amour. Les œuvres d'une beauté supérieure sont celles qui ont l'air d'aimer. Les chefs-d'œuvre de la statuaire grecque expriment la sympathie, la bonté, la fraternité.

Mais il y a quelque chose de plus grand encore. Au-dessus de l'amour de sympathie et de pitié, il y a l'amour vraiment héroïque, l'amour qui se donne, qui se sacrifie, qui se renonce pour vivre en autrui. Cet amour est, non plus précisément le beau, mais la vraie et première source du beau, que les Grecs eux-mêmes n'ont pas connue, et que le Christianisme a révélée.

Tels sont les enseignements de l'art. Ils confirment et étendent les vues de la philosophie. Ce n'est pas en vain que celle-ci, ayant distingué le mode d'explication des choses qui part des matériaux et celui qui part de la forme et de l'unité concrète, juge le second seul capable de satis-faire véritablemnt la raison. Ce que la philosophie postulait, ou ne démontrait que plus ou moins indirecte-ment, l'art nous le montre. Il remplace la dialectique et le travail de la réflexion par l'intuition, par la communion directe avec le principe vivant et efficace. Pendant que nous contemplons la beauté, notre esprit en éprouve l'action puissante et bienfaisante. Et il connaît que le monde est un poème dont la beauté est la clef.

L'art lui apparaît dès lors comme supérieur à la science. Car celle-ci étudie les conditions de la vie, de la production de la création : l'art manifeste la libre activité qui se meut et se joue en quelque sorte dans ces limites. Et du même coup il nous donne le sentiment que ces limites elles-mêmes, qui nous semblaient une entrave extérieure im-posée à l'esprit, sont, en réalité, l'œuvre de l'esprit.

L'art est-il donc supérieur à la philosophie ? Et la pensée méthodique des Platon et des Aristote doit-elle s'effacer devant des sentiments qui ne sont peut-être que des impressions, toujours vagues et personnelles ? Il n'en est rien. La philosophie s'agrandit en absorbant l'art, élle n'abdique pas à son profit. C'est toujours la raison qui cherche et qui juge. Mais reconnaissant son bien dans les intuitions de l'artiste, elle les fait siennes, les analyse et les interprète. Les données de l'art aident la conscience à démêler et à comprendre ce qu'elle porte en soi. Ainsi le savant lui-même, une hypothèse lui étant offerte par son imagination, par je ne sais quel sens de l'harmonie, qui dépasse ses déductions mécaniques, reconnaît en elle ce qu'il cherchait, s'en empare et se l'assimile.

A la lumière de l'art, la philosophie se rend compte de la parenté des choses matérielles avec le principe spirituel de l'univers. Ce sont les mêmes lois qui produisent les phénomènes mécaniques et physiques de la nature, et qui, au moyen de ces phénomènes, réalisent la beauté. Mais la beauté, c'est l'esprit visible : donc la matière elle-même est déjà l'esprit. Les principes que nous trouvons dans notre conscience ne sont pas de pures idées, puisqu'ils ordonnent le monde : ils sont, non seulement intelligibles, mais réels et efficaces.

*
* *

Cependant l'art lui-même nous conduit à étudier une manifestation de l'esprit qui le dépasse. Dans un grand nombre de ses plus belles œuvres il n'est pas sa fin à lui-même, mais joue le rôle d'instrument vis-à-vis de la religion. Or la religion est, elle aussi, une révélation des croyances naturelles de la conscience humaine, révélation plus spontanée, plus populaire, plus universelle.

Parmi les œuvres d'art consacrées à la religion il n'en est pas de plus intéressantes à considérer que les monuments funéraires de l'antiquité. L'analyse et l'interprétation de ces monuments a été une des études de prédilection de M. Ravaisson. Il s'est attaché à démontrer, contrairement à une opinion fort répandue, suivant laquelle ces monuments ne représenteraient que des scènes de la vie présente sans préoccupation d'une vie future, qu'ils ont, en réalité, le plus souvent, pour destination expresse d'opposer, à l'idée de la vie présente, que la mort termine, l'idée d'une autre vie perpétuellement heureuse. Ces monuments sont donc un gage de la croyance générale des anciens Grecs à l'immortalité, et à une immortalité de paix et de bonheur.

Une autre manifestation importante des idées religieuses de l'Antiquité consiste dans les Mystères, par lesquels les hommes pensaient entrer en relation avec la divinité. Quelle était la signification des Mystères ? N'avaient-ils d'autre objet que d'apaiser des dieux redoutables et malveillants ? Selon M. Ravaisson, ils étaient essentiellement une célébration des dons divins, une introduction à la vie divine. Ils tendaient à cette union avec Dieu, à ces noces mystiques, que le christianisme nous fait entrevoir comme le terme de l'action de la grâce en nous.

Plus précis en effet, et plus sublimes sont les enseignements du christianisme. Cette religion nous montre, au-dessus de l'amour de sympathie, que les Grecs ont attribué à leurs dieux, un amour de condescendance, grâce auquel celui qui est grand se fait humble pour élever les petits jusqu'à lui. Don de soi, abnégation, sacrifice, tels sont les traits de cet amour supérieur. Et c'est parce qu'il est toute-générosité qu'il est toute-puissance. La vie du monde naît de la mort de Dieu.

Entre les religions antiques et la religion chrétienne, il n'y a d'ailleurs aucune opposition. Les premières n'étaient pas entièrement tournées vers la vie présente et matérielle. Elles donnaient à l'homme le pressentiment d'une vie supérieure, heureuse dans le calme et l'harmonie. Et le christianisme n'est pas la condamnation de la nature. Il la voit belle et bonne, en tant qu'elle tient à son créateur, qui est beauté et bonté suprêmes.

Ainsi que la spéculation sur l'art, l'étude des religions vient prêter son concours à la philosophie. La divinité antique et surtout le Dieu du christianisme sont l'expression, en quelque sorte visible, de ce premier principe, intelligente volonté, amour infini, que la conscience trouve au fond d'elle-même. Il y a accord entre les derniers résultats de la réflexion et les croyances spontanées dont vit l'humanité.

En même temps qu'elle se fortifie au contact de la religion, la philosophie en reçoit un nouveau développement. Elle aperçoit plus clairement que, pour résoudre le problème qu'elle se pose et atteindre à une explication vraiment rationnelle de l'univers, il lui faut admettre l'existence en nous d'une faculté de connaître supérieure à l'entendement, d'une faculté d'intuition qui est ce qu'on appelle communément la foi, le sentiment, ou le cœur. C'est en jugeant du point de vue du cœur que l'on voit s'évanouir les contradictions soi-disant insolubles et se dissiper les obscurités en apparence impénétrables.

Plus fortement aussi, la philosophie, en s'interrogeant à propos des religions, affirme la nature essentiellement libérale du premier principe, l'union intime de l'âme avec Dieu même, la présence de Dieu en nous. Et par là elle comprend de mieux en mieux que l'immortalité est l'attribut nécessaire de l'âme humaine. Comment l'âme périrait-elle, si elle tient à Dieu par son essence même ?

M. Ravaisson concilie ainsi sans peine la philosophie grecque et la philosophie en général avec la religion, avec le christianisme. La philosophie, qui cherche le principe de l'ordre et de l'harmonie, est un acheminement au christianisme, qui en dévoile la source. Ou plutôt la philosophie s'agrandit et s'ennoblit en absorbant, après l'art, la religion elle-même, sous sa forme la plus sublime. Sans cesser d'être le développement de la conscience humaine, elle atteint au plus haut degré d'universalité, de profondeur et de clarté où il lui soit donné de prétendre.

*
* *

La philosophie ne doit pas rester purement théorique. C'est son devoir, et c'est pour elle une épreuve nécessaire, de descendre dans la pratique et de se faire active. M. Ravaisson, qui, lorsqu'il s'occupait d'art ou de religion semblait s'y donner tout entier, bien qu'il ne cessât de dominer l'un et l'autre en philosophe, s'est de même appliqué aux questions d'éducation et d'enseignement avec une suite et une ardeur telles qu'à le considérer dans cette occupation, on eût pu le croire déshabitué des hautes spéculations métaphysiques. Mais il avait toujours sa pensée de derrière la tête : il croyait, selon sa philosophie, que les doctrines les plus pratiques sont celles qui ont dérivées de la source la plus haute.

Son principal souci était d·recommander une éducation libérale. Il s'attachait à définir exactement ce terme. On ne saurait appeler libérale une éducation qui enseigne aux individus à ne compter chacun que sur soi-même. Ce n'est pas l'individualisme qui fait la liberté, c'est le don de soi, la libéralité. L'éducation vraiment libérale est celle qui affranchit les hommes de la pire des servitudes : l'égoïsme.

L'enseignement libéral n'étouffe pas les intelligences sous la masse des détails, qui ne sont que l'enveloppe et comme la matière de la vérité. Il va droit aux principes, qui donnent l'intelligence des choses ; il va aux principes les plus élevés, lesquels sont en même temps les moins nombreux, les plus simples et les plus beaux ; et il forme l'élève à approfondir ces principes, de telle sorte qu'ils pénètrent dans la substance de son intelligence. M. Ravaisson aimait à répéter ce mot de Leibnitz : *Investigandum in unoquoque genere summum*. Il faut, ajoutait-il, non seulement faire comprendre, mais faire aimer ce qu'on enseigne. Qui sait si la persuasion n'est pas le secret du gouvernement de l'univers ?

Les objets des études sont les sciences et les lettres. L'une et l'autre discipline est indispensable. Mais au-dessus de l'enseignement des sciences, qui se rapportent à l'élément matériel des choses, et ne nous concernent nous-mêmes qu'indirectement, M. Ravaisson plaçait les lettres, qui ont pour objet l'esprit lui-même, et visent à exprimer en perfection tout ce qu'il contient de grand et de beau. La philosophie est le couronnement des études. Pénétrant plus avant que toute autre recherche dans les profondeurs de l'âme, elle est excellemment source d'intelligence et source d'amitié.

Tel était le thème des développements de M. Ravaisson toutes les fois qu'il s'adressait à la jeunesse. C'est ainsi qu'il dit en 1873, dans un discours de distribution de prix prononcé au lycée Louis-le-Grand : « Ce n'est pas le dernier but où tendent les divers enseignements qui vous sont distribués, que de développer en vous une magnanimité dédaigneuse des choses inférieures, mais de faire de vous de grandes âmes, en faisant de vous des âmes aimantes ; aimantes, c'est-à-dire pleines de cet amour, le seul vrai, qui ne consent pas seulement au sacrifice, mais qui y aspire, et pour lequel la sacrifice est le bonheur. »

Et de ces hauts principes il tirait des conséquences précises et vraiment pratiques. Ainsi, dans un article sur l'Education publié par la *Revue bleue* en 1887, il appelait de ses vœux le jour-où, la libéralité se développant à l'encontre de l'égoïsme, la lutte passionnée des intérêts en concurrence céderait la place à de plus nobles penseurs, le jour où redeviendrait vrai ce qui fut vrai jadis, la volonté réfléchie revenant à ce qui avait été l'inspiration de la volonté primitive :

Privatus... census... brevis,
Commune magnum.

Comme moyen d'éducation M. Ravaisson préconise particulièrement l'initiation à l'art, qui nous présente, dans la beauté, l'image sensible de cet esprit d'amour et d'héroïsme où il s'agit de hausser les âmes.

L'enseignement de l'art ne doit pas être donné à un point de vue utilitaire. Ce n'est pas pour attacher davantage les esprits à la matière, c'est pour les affranchir, c'est pour donner au plus humble sa part de vie idéale et de joies délicates, que l'on enseignera les éléments du dessin et de la musique. Aussi s'occupera-t-on de former le goût plus que de multiplier les connaissances techniques. Et l'utilité même y trouvera son compte, la beauté étant ce qui met les produits industriels hors de pair.

D'après les principes, M. Ravaisson s'est élevé avec énergie contre la méthode qui va du tracé ou de l'imitation à vue des figures géométriques à l'imitation des formes vivantes. La vie, dit-il, défie la plus haute géométrie. Le meilleur de l'art, suivant le mot de M. Chipiez, les dieux s'en sont réservé le secret. L'art, certes, ne peut se passer de la science. Mais l'utilité de la science, selon Léonard de Vinci, y est simplement négative et préservatrice. La science ne concourt en rien au positif et à l'essentiel de l'art. Dans l'enseignement de l'art comme partout, c'est le meilleur qui est le principe et le commencement. L'élève débutera par l'observation et l'imitation de la figure humaine, dont toute forme n'est qu'une diminution.

Telles sont les principales vues de **M.** Ravaisson sur l'éducation. Elles procèdent de l'expérience et du sentiment en même temps que de la philosophie ; et ainsi, elles sont une nouvelle confirmation de la fécondité et de la vérité de la doctrine métaphysique. Elles éclairent même particulièrement certains points de cette doctrine. Elles montrent que le principe de la théorie est en même temps celui de la pratique, et qu'il est inutile de chercher, comme le fit Kant, un fondement à la morale en dehors du fondement de la connaissance. Si l'acte pur d'Aristote, qui n'était que la perfection de l'intelligence proprement dite, était insuffisant pour satisfaire aux besoins pratiques des individus et des sociétés, l'esprit, considéré dans son essence, qui est amour et sacrifice, fonde la pratique comme la théorie. Et le ressort principal de l'action, c'est, non pas l'entendement logique, lequel ne fournit que des règles prohibitives, mais le cœur, l'enthousiasme, l'inspiration, qui, sans violer ces règles, et en s'y retrouvant, produit les œuvres bonnes et belles.

C'est ainsi que, mettant ses idées aux prises avec les enseignements de l'art, de la religion, de la pratique, enrichissant constamment son esprit par les lectures les plus variées, les plus curieuses et les plus approfondies, méditant à propos des plus fugitives conversations comme des plus graves événements, M. Ravaisson consacra sa vie entière à réaliser l'idée de sa jeunesse. Il repensait perpétuellement sa philosophie, cherchant à atteindre à un degré supé.ieur d'évidence, de simplicité, d'ordre et d'harmonie. Il s'attachait particulièrement à définir et éclaircir cette idée du cœur, comme source supérieure de connaissance, à laquelle toutes ses méditations avaient abouti. Il avait écrit, à ce sujet, en 1887, un profond article sur la philosophie de Pascal. Il voulait savoir de lui quelles sont ces raisons du cœur que la raison ne connaît pas. Il s'inquiétait de voir que Leibnitz semblait ne rien souhaiter au-dessus de la connaissance analytique et purement intellectuelle. Et, persuadé, avec les Descartes et les Pascal, que la vérité, bien saisie, se peut exposer brièvement et simplement, il travaillait sans relâche à rédiger en quelques pages ce qui devait être, dans sa pensée, son testament philosophique. L'article par lequel il a ouvert la *Revue de Métaphysique* est comme une première ébauche de ce testament. Les feuilles qu'il n'a cessé de remplir depuis, s'y reprenant à vingt fois comme l'auteur des Provinciales, ont été pieusement recueillies et discrètement assemblées.

*
* *

Si parfaites que soient ces pages, elles n'offriront pas l'image complète de la philosophie de M. Ravaisson. Comme la source de la philosophie, selon lui, était l'âme, la grâce et l'amour, plus encore que la raison abstraite, ainsi le fruit des méditations du philosophe était une vie, une action, une harmonie visible, en même temps qu'un système d'idées bien liées. Et, de fait, la personne même de M. Ravaisson est comme l'acte, l'achèvement de la pensée qui, dans sa philosophie écrite, aspire à se réaliser.

Il se distinguait dès l'abord par une aisance, une distinction, une sénérité souriante qui jamais ne se démentaient. Il attirait par sa bonne grâce, et il imposait par son affinité native pour le noble et le grand. Il parlait avec une simplicité et une probité absolues, uniquement occupé de penser juste et de rendre sa pensée avec fidélité et naturel, sans que jamais se présentât à son esprit un mot à effet, un artifice de réthorique. Il causait de tout et s'intéressait aux petits amusements du monde comme aux grandes questions de la philosophie et de la vie. Mais en toutes choses il démêlait le lien du réel et de l'idéal. Comme les anciens Grecs, il voyait du divin partout. Il aimait l'art d'un amour de sympathie, cherchant à s'unir en pensée avec les génies qui y ont excellé. Et il se plaisait à chercher, lui aussi, le pinceau ou l'ébauchoir à la main, les plus belles formes, celles qui traduisent de la façon la plus transparente la vie, l'amour, la générosité. Surtout il était écrivain. Il exprimait du même coup, en des phrases amples et souples, simples et savantes, élégantes et fermes avec un air d'abandon, et les rapports logiques des idées, et l'harmonie esthétique qui en achève la coordination, et l'action créatrice qui du tout et du principe fait descendre les détails, les conditions et les éléments. Son style est l'âme même, saisie dans sa vie intérieure et dans le mouvement secret par où elle se donne et se répand.

Toute la personne de M. Ravaisson était la manifestation d'une chose unique : son union intime, de pensée et de cœur, avec les réalités spirituelles et éternelles. Au fond il ne croyait pas à la mort, parce qu'il était persuadé que ce qui passe n'a son être que dans ce qui demeure. Il voyait les choses et les personnes, non seulement dans leurs Idées, comme Platon, mais dans leur source, qui est l'amour infini, supérieur à l'Idée et indéfectible. Il ne professa pas seulement sa doctrine avec conviction, il la vécut. Dans la perte même de l'être le plus cher, de celle dont la grâce souriante était sa vie, sa joie et son génie, à peine vit-il une séparation de quelques années. N'étaient-ce pas leurs âmes qui s'étaient aimées, et que peut la mort sur l'union des âmes ? Sans doute il continua à vivre en esprit avec elle, comme il est dit dans ces beaux vers de Longfellow, imités de Uhland :

> *Soul-like were those hours of yore :*
> *Let us walk in soul once more !*

Il ne cherchait pas l'influence. Il l'exerça à la manière du chant divin qui, selon la fable antique, amenait à se ranger d'eux-mêmes, en murailles et en tours, de dociles matériaux.

Vers 1864, la métaphysique, en France, était languissante. Entre le positivisme asservi aux sciences physiques

et la métaphysique allemande suspecte d'esprit de chimère, le spiritualisme universitaire apparaissait surtout
prudent, sage, propre à rassurer les amis de l'ordre et de la
tradition. A ceux qui le lurent alors, M. Ravaisson offrit
ce que beaucoup cherchaient plus ou moins confusément :
une philosophie fondée sur la réflexion de la conscience,
ainsi que l'avait voulu Biran, et qui, en même temps,
rétablissait la pensée dans ses plus hautes ambitions, et
appelait le cœur, lui aussi, à jouer son rôle dans la recherche de la vérité. Avec M. Ravaisson la métaphysique,
telle que l'avaient entendue les Aristote, les Descartes,
les Leibnitz et les Schelling, en y joignant les intuitions
d'un saint Paul ou d'un Pascal, ouvertement, hardiment,
sans restriction ni atténuation, rentrait dans l'arène de la
philosophie.

Cette influence se manifesta surtout à la suite du rapport de 1868, dont la hauteur de pensée, le style magistral
excitèrent une admiration universelle. Elle s'est mainte-
nue pendant longtemps et jusqu'à nos jours même, malgré l'imitation parfois littérale et compromettante des
écoliers, malgré les progrès de tendances philosophiques
fort différentes. Elle subsistera à coup sûr, sous un triple
rapport qui correspond au trois aspects de l'œuvre de
M. Ravaisson.

En premier lieu, l'érudition qui voudra être non seule-
mcmt philologique, mais philosophique, ne pourra se dispenser d'étudier les analyses si profondes que M. Ravaisson a données de tous les grands systèmes.

En second lieu, on continuera certainement à pratiquer

la méthode qu'il a si brillamment employée, et qui consiste à chercher la connaissance des lois de l'esprit, non seulement dans la réflexion directe du moi sur lui-même, mais encore dans l'étude des objets, relativement extérieurs, que l'esprit a créés pour son usage, tels que la science, l'art et la religion ; à confronter entre eux ces deux modes de connaissance, et à les féconder l'un par l'autre.

Enfin, tant que l'homme réfléchira sur sa condition, il y aura lieu pour lui de se demander si sa destinée consiste à s'abandonner passivement au cours des choses et à se laisser gouverner par la matière, ou à créer, en mettant en jeu les forces spirituelles, un ordre de choses plus beau, plus vrai, meilleur que celui où la nature nous place. A ceux qui pensent ainsi, M. Ravaisson propose l'union des âmes comme fin, la générosité des supérieurs à l'égard des inférieurs, le don de soi-même et le sacrifice comme moyen. Qui pourrait affirmer qu'un jour le calcul et le mécanisme suffiront à tout dans le gouvernement de la vie humaine, et que la bonté devra être proscrite de la société, comme rebelle aux formules et aux règlements ?

LA PHILOSOPHIE DE CHARLES SECRÉTAN (1)

Si jamais fut à sa place le célèbre mot de Pascal : « On s'attendait de voir un auteur, et on trouve un homme », c'est quand il s'agit de Charles Secrétan. Et la nature particulièrement élevée, généreuse, droite, sincère et délicate de la personne vérifie excellemment la remarque, jointe à ce mot par Pascal, qu'on est ravi à cette découverte. C'est donc une tâche quelque peu factice et ingrate, de considérer l'œuvre plutôt que l'homme, ainsi que m'y obligent et ma profession et la fâcheuse circonstance de n'avoir guère connu Secrétan que par ses livres. Mais je me console en songeant que, chez un tel écrivain, l'œuvre, c'est encore l'homme, et que, d'ailleurs, d'autres, plus favorisés, vont nous faire pénétrer jusqu'au foyer même, dont je ne puis, quant à moi, apercevoir que le rayonnement.

I

A l'œuvre de penseur et d'apôtre à laquelle il consacra sa vie, Secrétan apporte tout d'abord de profondes dispo-

(1) Conférence faite à la Société d'Étudiants protestants le 23 mars 1895.

sitions religieuses et morales. Le devoir, la foi, la responsabilité, le péché et le salut sont pour lui des réalités vivantes. Mais, en même temps, il a un besoin très sincère et très vif de comprendre, de raisonner, de philosopher. Au cœur lui-même il veut demander ses raisons ; et, s'il y a des mystères dans les choses, il veut, rationnellement, en découvrir la source. Il était donc comme prédisposé à accueillir cette philosophie dite mystique, qui, chez ses grands représentants, avait cherché à comprendre comment l'être tel qu'il nous est donné, avec ses bornes et ses dissonances, peut dériver, comme d'un principe infini et excellent, de la personnalité et de l'action parfaitess. Aussi le voyons-nous, étudiant à Munich en 1836, s'attacher à Schelling, alors tout entier à l'élaboration de sa philosophie positive où doivent s'absorber les religions, et à Baader, en qui revivaient, mélangées d'éléments kantiens et fichtéens, les belles spéculations mystiques et théosophiques de Bœhme et de Saint Martin.

Promptement mûri par la réflexion et l'étude, Secrétan trouve et arrête, dès la publication de sa *Philosophie de Leibnitz* en 1840, c'est-à-dire à l'âge de vingt-deux ans, la formule définitive du problème qui sera le centre de ses recherches : Comment concevoir le monde de notre expérience comme un produit de Dieu ? En d'autres termes : Le premier principe des choses est-il une personnalité libre et sainte ? et l'univers, tel qu'il nous est donné, peut-il s'expliquer par l'action d'un tel principe ? Bien compris, ce problème n'est autre que celui de la démonstration du christianisme. Car le christianisme se trouve justifié, si le principe qu'il pose, fondé en raison, est seul en mesure de fournir l'explication des faits essentiels de la nature.

C'est ce programme que doit réaliser la *Philosophie de la liberté*, publiée en 1848-1849, premier grand ouvrage de Secrétan. A la question du premier principe répond la célèbre construction où l'on n'a vu parfois qu'une réminiscence de la dialectique allemande, et que Secrétan lui-même, à la fin de sa vie, semblait avoir oubliée, mais dans laquelle nous louerons, selon la déclaration même qui l'accompagne, un sincère et puissant effort pour comprendre, par la raison, ce que l'on croit par la foi et sous la dictée de la conscience. Certes, estime Secrétan, le fait de l'obligation nous dit assez qu'il existe une personne suprême, législateur et juge, envers qui nous sommes obligés. Mais pour avoir de cette vérité l'intelligence et non pas seulement la certitude, il nous la faut considérer au point de vue métaphysique.

La construction de la personnalité divine peut se résumer de la manière suivante. A la raison est inhérente la notion de l'absolu. L'absolu doit exister et être lui-même cause de son existence, c'est-à-dire substance. En second lieu, il doit être, non quelque chose de donné, d'immobile et de mort, comme serait une substance qui ne serait que substance. Il doit être cause de la substance où il se réalise, c'est-à-dire vie. Cette vie, à son tour, ne peut être une force aveugle, agissant au hasard : elle doit avoir une loi, et de cette loi l'absolu doit être l'auteur ; c'est dire qu'il doit être esprit. Enfin la pensée n'est pas un *fatum* qui s'impose à lui. Il est cause de sa spiritualité même, c'est-à-dire liberté. Ainsi s'établit et se définit la nature du premier principe.

Mais de ce principe peut-on tirer le monde tel qu'il apparaît du point de vue chrétien ? Il faut faire ici une distinction. On ne saurait, par la seule raison, trouver les concepts de création, de chute, de rédemption. Mais il n'est pas nécessaire qu'il en soit ainsi. Descartes exige-t-il, pour admettre une opinion comme vraie, qu'elle ait été, de toutes pièces, créée par son esprit ? Il consent qu'elle vienne du dehors, pourvu qu'il la puisse ajuster au niveau de la raison. Il vide, dit-il, sa corbeille de toutes les pommes qu'elle contenait, puis il y remet celles qu'il juge n'être point gâtées. Ainsi Secrétan estime que la religion a autant de droit que personne à nous offrir des explications des choses, et que, pour que ces explications deviennent philosophiques, il suffit qu'elles soient jugées par la raison suffisantes et nécessaires. Qui sait d'ailleurs s'il n'y a pas dans les choses une part de contingence ? La nature même du premier principe, qui est une personne libre, autorise une telle hypothèse ; et, s'il en était ainsi, comment exiger que la raison, à elle seule, fournît l'explication du monde ?

Les problèmes qu'il s'agit de résoudre nous sont posés par l'expérience. En premier lieu, le monde existe, c'est là un fait qui enveloppe tous les autres. D'où vient son existence ? A cette question, qui embarrasse la raison humaine, le christianisme répond par le mot de création.

La raison proprement dite n'eût pu, par elle-même, trouver ce concept. Mais elle le juge très intelligible, dès qu'elle sait que le premier principe est absolue liberté. Une telle liberté peut créer. Il y a plus : si la création consiste à se diminuer pour le bien de la créature, à réaliser l'idée de l'amour, la création grandit encore la divinité, elle en achève la perfection. Dans le dogme de la création, la raison trouve l'explication qu'elle cherchait.

Observé de près dans sa nature, le monde nous révèle l'existence en lui d'un mal secret et radical. C'est un fait, que l'homme doit nécessairement lutter avec des penchants qui s'opposent à sa liberté. D'où viennent ces penchants mauvais ? Il l'ignore. Il souffre d'un mal qu'il n'a pas commis. Et cette condition est celle de tous les hommes. Comment peut s'expliquer un pareil état de choses ? Ici encore le christianisme fournit une réponse : tous ces maux sont la suite du péché du premier homme. Or la raison, confrontant cette réponse avec l'idée du premier principe, n'a pas de peine à établir une coïncidence. L'acte du premier être est nécessairement un, et ainsi sa créature est foncièrement une. Un premier homme est le fonds commun de toute l'humanité. Ce premier homme a été créé libre, puisque la liberté est l'être même ; et librement il a péché, il s'est voulu lui-même au lieu de vouloir Dieu. Plongeant tous par leurs racines dans ce premier homme, tous les hommes sont dépendants de lui et solidaires entre eux, quand aux suites de cette faute initiale. La chute est l'explication rationnelle du mal.

Mais le monde nous offre le spectacle d'un effort vers le mieux, du progrès poursuivi dans tous les domaines. De ce fait, quelle est la raison ? Rédemption, dit le christianisme. Et ici encore la raison adhère. Car l'être bon qui a fait une créature libre n'a pu omettre la possibilité qu'il pêchât, ni manquer de lui ménager, si elle péchait, la possibilité d'une restauration. De là la grâce, de là le Christ, qui rétablit le rapport normal entre l'homme et Dieu, et auquel l'âme doit s'assimiler si elle veut rentrer dans l'ordre et y ramener la nature.

Enfin nous constatons que l'esprit, dans son rêve de paix et de bonheur, cherche à s'affranchir du temps et de l'espace sans y pouvoir réussir en ce monde. Qu'est-ce à dire, sinon que, comme l'enseigne le christianisme aux applaudissements de la raison, l'homme aspire après la vie éternelle, qui n'est autre que l'organisme absolu, l'unité par la liberté, dont l'idée est incluse dans la juste doctrine métaphysique de la création.

C'est ainsi que, dans la première période de sa spéculation philosophique, Secrétan justifie et explique rationnellement les principes du christianisme. Une seconde phase s'annonce dans les *Recherches de la méthode*, publiées en 1857, et s'achève dans les *Principes de la morale*, publiés en 1883. Secrétan relève les inconvénients, les contradictions des diverses méthodes communément employées, notamment de celles des sceptiques, des partisans de l'autorité religieuse, des rationalistes. Il partira, quant à lui, des données de la conscience morale. Là gît pour l'homme le fondement de toute science. La conscience

ne nous apprend pas quelle est la nature de Dieu : aussi
bien nous est-il inutile de la connaître. En revanche, elle
nous apprend ce qu'est Dieu par rapport à nous, ce qu'il
veut de nous ; et cette science nous est nécessaire et
suffisante. Secrétan juge désormais inutile la déduction
du premier principe qu'il avait donnée dans sa *Philosophie de la Liberté*. Il considère que, dans cet ouvrage,
il a surtout traité de la forme de la perfection et du devoir.
Il en veut maintenant rechercher la matière et le contenu. C'est là, à vrai dire, ce qui est difficile à établir.
Pour la forme de la loi, la conscience de l'obligation suffit.
Quant à la religion, plus que jamais il la juge nécessaire.
Mais il s'élèvera vers elle en partant de la morale : il ne
la mettra plus au commencement. Dans l'ordre théologique il ne faut pas chercher la certitude proprement
dite ; ce qui convient à ce genre de vérités, c'est la
croyance, ou persuasion intime que ne saurait donner la
démonstration. La certitude, d'ailleurs, repose sur la
croyance.

Trouver la formule concrète du devoir, tel fut l'objet
essentiel du *Principe de la morale*. Secrétan y consulte
la conscience morale et l'expérience, pour être sûr de se
mouvoir dans la sphère du réel et du pratique. Le principe est toujours la liberté, qu'atteste le sentiment de
la responsabilité. Mais, pour se rendre libre, que doit
faire l'homme ? Les conditions de son action nous seront
enseignées par l'observation du monde où elle s'exerce.
Or notre monde a pour caractère essentiel la solidarité
des hommes entre eux. Sans doute, les hommes sont des

individus, mais si étroitement liés, matériellement et moralement, que le tout qu'ils forment est réellement un. Dès lors, la règle morale doit s'énoncer ainsi : « Agis comme partie libre d'un tout solidaire ». Mais liberté et solidarité ne s'excluent-elles pas ? Elles s'excluraient, si la liberté était cherchée dans le développement sans entraves de l'individu aux dépens des autres individus. Elles se concilieront, si, la solidarité étant de l'essence même de l'homme, la liberté de tous n'est qu'une seule et même liberté, à laquelle chacun participe d'autant plus qu'il se donne davantage aux autres. La solution réside donc dans l'amour, non dans l'amour physique, pour lequel autrui n'est qu'un instrument, non pas même dans l'amour humain proprement dit, qui se délecte du bonheur d'autrui, mais dans l'amour de bonté, qui se donne sans idée de retour. La charité est ainsi le principe de la morale. La justice, qui n'est que la limite de la charité, la suppose.

Ainsi comprise, la morale mène à la religion, car elle ordonne d'agir sur la nature. Par conséquent elle postule que la causalité morale ait une efficacité physique. Mais comment cela se pourrait-il, si la volonté humaine n'avait ses racines dans la volonté divine elle-même ? Et un tel rapport entre Dieu et l'homme n'est-il pas précisément ce qui constitue la religion ? Les dogmes de la chute, de la restauration, de l'efficacité de la prière viennent naturellement se greffer sur la morale de la liberté solidaire.

Ayant ainsi établi et assuré sa doctrine en toutes ses

parties, Secrétan, dans une troisième phase de développement, se proposa principalement de la propager et de la défendre, de la convertir en réalité. Les croyances qui ont mis l'ordre et la paix dans son âme, il attend d'elles qu'elles pacifient et régénèrent la société. Il publie en ce sens son troisième et dernier grand ouvrage : *La civilisation et la croyance*, 1887.

Il faut, estime-t-il, juger les doctrines, comme les arbres, d'après leurs fruits. La vérité ne saurait être mauvaise. Si nous observons l'état politique et économique de nos sociétés, nous trouvons qu'il présente des contradictions internes. Dans l'ordre politique, c'est l'impossibilité de concilier la liberté et la justice au sein d'une démocratie souveraine, à qui tout frein intérieur fait défaut. Dans l'ordre économique, c'est l'impossibilité de concilier la liberté des individus avec la justice distributive, laquelle veut que tout travailleur soit rémunéré selon son droit et que tout homme ait accès à la dignité humaine : ni le libéralisme économique, qui ignore les faibles, ni le collectivisme, qui fait des hommes les rouages d'une machine, ne sont capables d'assurer cette conciliation. D'où viennent ces maux ? Ils sont ou causés ou entretenus par des doctrines telles que le déterminisme, l'athéisme et le matérialisme, pour qui les individus sont tout ou ne sont rien, pour qui les **faits** bruts sont immédiatement des principes. D'où viendra **le** remède ? Il faut se garder et de nier le mal et de le **croire** fatal. Le mal, c'est le fait donné, c'est la réalité **résultant** de la chute. Le bien, c'est le principe, c'est le fond des choses, c'est le pouvoir aussi, puisque Dieu est liberté. Mais, pour participer à ce pouvoir, il faut que l'homme rétablisse son rapport normal avec Dieu par la charité. La solidarité des hommes en Jésus-Christ est ainsi la solution des questions politiques et sociales. Sous l'idée de cette solidarité, les hommes comprendront et aimeront la loi de division du travail et de diversité fonctionnelle qui préside à la vie de l'organisme social. Confiance mutuelle inspirée par les marques d'une charité sincère et active, dont les heureux doivent prendre l'initiative, telle est la condition première de toute réforme sociale digne de ce nom.

L'œuvre de Secrétan est maintenant achevée. La liberté comme forme idéale de l'être, la solidarité comme fait : tels sont les deux termes, en apparence contradictoires, qu'il a d'abord conciliés dans son esprit par la morale de la charité et la religion de l'amour, pour s'efforcer ensuite, à l'aide de ces doctrines mêmes, de les concilier dans la vie des individus et des nations.

II

Combien l'étude des œuvres de Secrétan peut et doit être fructueuse, c'est ce qu'il serait superflu d'expliquer longuement. Elle offre tout d'abord, pour nous Français, cet intérêt particulier de nous initier, dans notre langue, à la spéculation des grands métaphysiciens de l'Allemagne. Non seulement la manière de Secrétan rappelle

souvent, dans ses premiers ouvrages, la savante dialectique et l'approfondissement spéculatif de ses maîtres,
mais il a donné, dans le premier volume de sa *Philosophie
de la Liberté*, une lumineuse exposition des systèmes de
Jacob Bœhme, de Kant, de Fichte, de Schelling et de
Hegel. Sans doute il fait cette exposition à son point de
vue, de manière à acheminer ces penseurs vers sa propre
philosophie. Mais il les comprend comme un homme qui
a puisé leurs doctrines aux sources mêmes, et il les
explique en excellent langage.

Quant à sa doctrine personnelle, elle ne peut manquer
d'intéresser celui qui touche l'histoire de la pensée
humaine. En un temps où la métaphysique était très
délaissée et où le positivisme, le scepticisme ou le matérialisme prétendaient à la domination, Secrétan a représenté avec énergie et avec éclat la volonté qu'a l'esprit
humain de persister à s'occuper des questions d'origine,
de fin et de destinée. Le sixième et dernier volume du *Cours
de philosophie positive* d'Auguste Comte avait paru en
1842 ; le premier de la *Philosophie de la Liberté* parut en
1848. Et dans notre Université de France en particulier, nombreux sont ceux qui, directement ou indirecte-
ment, ont ressenti l'heureuse influence de Secrétan.
Excitée par l'enseignement de M. Lachelier à l'École
normale, lequel date de 1864, par les travaux de M. Ravaisson, de M. Vacherot, par l'enseignement désormais
très vivant de la Sorbonne, l'ardeur métaphysique des
jeunes philosophes alla avec empressement vers des spéculations si propres à la satifaire ; et les leçons d'agré-

gation portèrent plus d'une fois la marque d'une réflexion fécondée par la lecture du philosophe de Lausanne. Je suis heureux de produire ici, à côté de mon propre témoignage, celui de plusieurs de mes camarades et amis, notamment de MM. Marion et Buisson, qui ont toujours exprimé le souvenir reconnaissant qu'ils gardent au noble penseur et au vétéran de la libre pensée religieuse.

Et l'influence qu'a eue M. Secrétan à une heure critique, il est juste qu'il continue à l'exercer. Car en tout temps il est beau de penser avec droiture, scrupule et modestie, de viser haut et de tâcher à viser juste, de mettre en œuvre toutes les forces de l'âme, toutes les ressources dont elle dispose, pour répondre aux questions vitales, de pousser aussi loin que possible l'ambition de comprendre et de s'incliner en même temps devant ce qui nous dépasse, de se soumettre soi-même tout le premier au devoir que l'on a établi, de demander à la réflexion la certitude et à la certitude le moyen d'agir et de procurer le vrai bien de l'humanité.

Mais ce serait honorer imparfaitement la mémoire de notre philosophe que de nous borner à un éloge général de ses idées et de son caractère. Il ne voulait admettre que ce qu'il avait soumis à la rude épreuve de sa critique. Ainsi examinerons-nous avec une respectueuse liberté quelques parties essentielles de sa méthode et de sa doctrine, afin de nous y attacher à bon escient.

Nous avons dit qu'en lui l'homme et le penseur ne faisaient qu'un, et c'est là certes un trait qui d'abord

impose le respect et l'admiration. Socrate, nous dit
Platon, estimait que tout ce qu'il avait à demander aux
dieux était contenu dans la prière suivante : « O dieux !
donnez-moi la beauté intérieure de l'âme, et faites que
chez moi le dehors soit d'accord avec le dedans ! » Penser
pour agir, vivre sa pensée, c'est le chef-d'œuvre de la
sincérité et de la droiture. Songeons cependant aux conditions requises pour que cette unité de l'homme et du
penseur soit réellement propice à la découverte de la
vérité. Mme de Staël disait avec ironie : « On fait toujours
la théorie de son talent » ; et nous savons que Descartes,
pour philosopher, s'appliquait à rompre toute attache de
son entendement avec son imagination et ses sens, c'est-
à-dire avec sa nature individuelle. Se prendre soi-même
pour la mesure des choses est une disposition fort naturelle, mais il s'en faut que ce soit toujours une garantie
de vérité pour le jugement. Exprimer par son œuvre sa
personnalité peut être suffisant quand il s'agit de production artistique : encore faut-il que cette personnalité
ait quelque chose de remarquable et de grand. Dans
l'ordre philosophique, il est nécessaire, pour que la personne ait le droit de se mêler à l'œuvre, qu'elle-même
soit déjà une expression de la vérité, qu'elle porte en
elle l'universel. Ainsi l'a entendu Aristote lorsqu'il a dit
que l'homme vertueux est lui-même la règle et la mesure
du bien : c'est de la raison réalisée en lui que son jugement tire toute sa valeur. Si donc nous devons toujours
une estime singulière à quiconque réalise en conscience
l'accord de ses pensées et de sa vie, nous mesurerons la

valeur des pensées, issues du fonds de la personne, au degré de communion de cette personne avec l'universel. Si Secrétan a écrit beaucoup de choses vraies et bonnes, ce n'est pas seulement parce que dans ses écrits il a été lui-même, c'est parce qu'en puisant en soi il puisait dans le fonds commun de l'humanité.

Sa règle générale fut de subordonner la théorie à la pratique, de tenir le problème de la vérité pour solidaire du problème de la conduite, et de repousser *a priori* comme fausse toute doctrine dont les conséquences probables doivent être mauvaises pour l'individu et la société. Le témoignage de la conscience morale devint ainsi pour lui le critérium du vrai autant que du bien. Pour justifier cette doctrine, il semble tout d'abord qu'on puisse invoquer l'exemple de Kant. Mais ce n'est là qu'une illusion. Kant ne pose pas en principe la suprématie de la raison pratique : il y aboutit. Il commence par examiner, à un point de vue tout à fait général, les conditions de la science ; et c'est parce que cet examen l'a conduit à admettre la possibilité théorique d'un ordre pratique distinct, qu'il procède à la détermination de cette nouvelle catégorie de vérités. et cela, en se renfermant scrupuleusement dans les limites qu'a marquées la critique de la faculté de connaître. Nul doute qu'il ne faille procéder de la sorte, si l'on veut que le devoir devienne une chose vraie, et que la suprématie qu'on lui attribue soit plus que l'expression d'une volonté. Malgré qu'il en ait, le philosophe doit se dédoubler ; et, au moment où il conçoit que son premier devoir est de croire

au devoir, il ne doit considérer ce principe que comme
une donnée de la conscience, qu'il confrontera avec ses
autres connaissances. Les faits moraux et les faits scientifiques sont tout d'abord sur la même ligne aux yeux de
l'homme qui se propose de connaître et de démontrer ;
et ce n'est qu'à la suite d'une critique impartiale des uns
comme des autres, qu'il pourra élever ceux-ci au-dessus de
ceux-là. Il le faut reconnaître : nous ne savons pas *a
priori* si le vrai et le bon coïncident, ni même si l'un
nous est plus directement connaissable que l'autre. La
recherche de la vérité veut être pratiquée sans aucune
idée préconçue.

En ce qui concerne spécialement la morale et la religion, la méthode de Secrétan est l'appel à l'expérience
personnelle, à la vie, aux réalités concrètes de la conscience. Nous expérimentons le caractère positif du mal.
La conversion est un fait qui porte en lui tous les principes essentiels de la religion. Les doctrines qui ont mis
dans mon âme l'ordre et la paix, je les juge propres à
pacifier de même mes semblables à la société. Que penser
de ce point de vue ? Il est clair que l'observation de
soi-même et l'expérience personnelle fournissent à une
âme délicate et à un philosophe pénétrant des données
infiniment précieuses, que rien ne saurait remplacer.
Mais quelle est la signification et la valeur de ces données,
voilà ce qui ne se peut déterminer sans une critique
sévère. La conscience n'est pas à l'abri des influences.
Elle rend des témoignages divers dans les divers milieux
où elle se développe. Il n'est même pas inconcevable

que l'on modèle une conscience, et qu'on lui donne une forme artificielle. Non seulement les discours, les exemples, l'histoire habilement maniée, les traditions, la manière de présenter les choses peuvent beaucoup en ce sens ; mais on dispose d'un moyen très simple et très puissant pour faire une conscience, c'est d'habituer l'enfant à accomplir les actes et à prononcer les paroles qui correspondent aux convictions que l'on a en vue. Grâce aux lois d'association inhérentes à notre nature même, les habitudes de la volonté se traduisent dans la conscience en sentiments et en principes ; et finalement, avec une sincérité parfaite, on pense comme on agit, et on croit agir parce qu'on pense. Quelle valeur aura dans ce cas le témoignage de la conscience ? Et qui peut nier que les circonstances, les hasards de la situation et des influences ne puissent avoir naturellement des effets analogues à ceux du dressage artificiel ? D'une manière générale, les données de la conscience sont des phénomènes complexes, où le contingent et l'accidentel se mêlent au naturel et au spontané. Et réussit-on à dégager le témoignage vraiment primitif, le philosophe ne s'y pourrait fier sans critique. Spinoza ne soutenait-il pas que la conscience n'est qu'une machine à fausser la vérité, et à faire apparaître les causes efficientes comme causes finales, la nécessité comme libre arbitre ? La possibilité même d'une théorie semblable chez un profond penseur montre assez avec quelle circonspection il faut user des données de la conscience. Si elles fournissent les matériaux de la science morale, c'est peut-être comme les sens fournissent ceux de la science physique, en présentant les problèmes, mais non les solutions : car quoi de plus éloigné des données des sens que les formules mathématiques qui, selon la science, en expriment le contenu vrai ?

Dans les matières philosophiques proprement dites, Secrétan se préoccupe d'adopter une méthode qui mène à la connaissance de l'être même et non pas seulement à l'accord entre nos idées. Il reproche aux néo-criticistes de croire que tout est dit quand on a évité la contradiction interne. Sans doute, du moment qu'on définit la causalité la succession réglée, il n'est plus contradictoire que les choses aient eu un commencement absolu et soient sans cause. La proposition n'en reste pas moins dure, et il est à craindre qu'on n'ait laissé échapper la réalité, pour le vain plaisir de fermer la bouche à l'adversaire. Qui nous dit qu'il n'y a pas dans les choses un élément supra-logique, et que nos concepts ne sont pas incomplets par quelque endroit ? S'il en était ainsi, la vraie méthode ne serait pas la préoccupation exclusive d'apercevoir et de lever des contradictions, mais l'effort pour recueillir et concilier tous les éléments de vérité que nous pouvons découvrir. D'ailleurs, pour éviter la contradiction, ne suffit-il pas le plus souvent de subordonner ce qu'une logique pointilleuse considère comme incompatible ? Tels l'infini et le fini. Toutes ces vues de Secrétan sont très dignes d'attention. Non seulement Leibnitz, mais Descartes est ici avec lui. Car Descartes ne voulait pas qu'on posât d'abord la question des rapports et de la compatibilité : il croyait que l'entendement fini de l'homme doit diviser les difficultés, et considérer séparément les parties avant de les relier entre elles. Son Dieu est, en un sens, maître de la contradiction. On aurait tort, selon lui, de douter de ce qu'on aperçoit clairement, parce qu'on ne comprend pas telle autre chose qui peut être incompréhensible de sa nature. Et, de fait, les contradictions qu'il est facile de relever dans tout système de métaphysique, et dont les théories mêmes de la science positive sont loin d'être exemptes, existent surtout entre nos concepts, symboles factices que nous substituons aux choses pour essayer de les étreindre. Un danger de contradiction nous est un avertissement de les élargir, tandis que l'absolue exactitude nous les fait croire définitifs et nous emprisonne dans une scolastique. Ce qu'il faut dire, semble-t-il, c'est que ni la non-contradiction ni telle ou telle loi de conciliation, ni tel autre principe unique que l'on mettra en avant ne peut suffire à nous faire discerner la vérité. Le problème est complexe ; et il nous faut faire appel à toutes nos ressources pour le résoudre. Nous nous appuierons tour à tour sur les faits externes et internes, sur le principe de contradiction, sur l'évidence ou conformité aux lois de la raison, sur l'accord des intelligences, sur les résultats de la science, sur les inférences naturelles ; et c'est en confrontant les indications obtenues à ces points de vue divers, que nous obtiendrons des connaissances éprouvées et confirmées autant qu'il se peut.

Il semble d'ailleurs qu'il y ait, à cet égard, une diffé-

rence à faire entre l'ordre théorique et l'ordre pratique.
Dans la recherche de la science, ou prise de possession
des choses par l'intelligence humaine, l'absence de contradiction, si elle n'est pas l'unique critérium, est nécessairement la fin idéale que l'homme poursuit. Des éléments confus et contradictoires lui sont donnés : c'est
en les rendant cohérents et logiques qu'il se les assimile.
Dans l'ordre de l'action, c'est en quelque façon le contraire qui a lieu. Des principes et systèmes divers s'offrent
à nous, dont chacun en lui-même est homogène et cohérent. L'homme entêté de logique s'y enferme avec confiance et jouit de l'unité de sa conduite. Mais si les autres
font de même en partant de principes contraires, les
hommes sont condamnés à s'ignorer ou à se combattre.
Le sens pratique a un tout autre idéal. Il veut faire droit
à tout ce qui est juste, il cherche à rapprocher, concilier,
réunir des conditions qui d'abord apparaissaient comme
contraires et incompatibles. Et à mesure que l'humanité
avance, à mesure se multiplient et se diversifient les
intérêts qu'il lui faut ainsi mettre d'accord. L'Athénien
n'avait guère qu'à être citoyen. Le moderne doit compter
avec la famille, la patrie, l'humanité, avec la liberté et
l'autorité, avec la science, la morale, la religion, les questions sociales. Et la conduite la plus belle est celle qui
sacrifie le moins d'intérêts et fait le moins de victimes.
C'est à l'action qu'il appartient de réaliser l'œuvre que
Cléanthe attribuait à Jupiter : faire d'un nombre impair
un nombre pair, rendre harmonieuse les choses discor-
dantes, changer la haine en amitié.

Si la méthode de Secrétan fournit de précieuses directions, les idées maîtresses de sa doctrine ne sont pas moins à méditer pour quiconque se pose les problèmes métaphysiques. On peut les ramener à trois : liberté, solidarité et conciliation de ces deux principes dans l'idée religieuse.

La liberté, selon Secrétan, nous est suffisamment attestée par le sentiment universel de la responsabilité, lequel implique la croyance à l'obligation morale. Cette démonstration nous paraît trop sommaire. Non seulement au point de vue métaphysique, comme l'avait bien vu Secrétan dans la première période de son développement philosophique, non seulement au point de vue psychologique, d'après lequel ce qui nous paraît simple pourrait n'être que dérivé et contingent, mais au point de vue scientifique en particulier, la possibilité et la réalité d'une action libre doivent être discutées. Il nous est impossible, aujourd'hui que la science de la nature, n'est plus une métaphysique seconde, incertaine comme son objet mélangé de non-être, mais bien la connaissance la moins contestée que nous possédions, de manquer à lui demander si elle laisse une place aux réalités morales dont la conscience nous suggère l'idée. Il nous faut faire pour la science ce que fit Kant pour la raison théorique, et, par une analyse impartiale de ses résultats, chercher en quel sens et dans quelle mesure elle admet à côté d'elle une métaphysique de la liberté.

Quant à l'idée même que Secrétan se fait de cette liberté, elle nous semble particulièrement utile à méditer.

Secrétan distingue liberté et libre arbitre ; et tandis que celui-ci, selon lui, peut subsister sans celle-là, sans libre arbitre il ne saurait y voir de véritable liberté. Cette vue est très importante. Spinoza a donné un mémorable exemple de la liberté conçue comme dépourvue, comme exclusive de tout libre arbitre. Réussit-il vraiment à démontrer ce qu'il annonce ? Est-il bien certain que les mots de valeur morale, de perfection, d'indépendance conservent une signification dans un système d'absolue nécessité ? Et d'autre part le libre arbitre est-il, en fait, aussi complètement éliminé des systèmes de nécessité que le prétendent leurs auteurs ? Spinoza a-t-il vraiment démontré que c'est en vertu de la nécessité toute seule que le sage s'élève de la complète ignorance et servitude à la conscience de soi, de Dieu et des choses, par où il acquiert la liberté et la paix ? Objet, déclare-t-il, bien difficile à poursuivre et de bien grand labeur : l'existence du libre arbitre ne rendrait-elle pas plus concevable que l'homme y vise et en puisse approcher ?

C'est encore un grand mérite de Secrétan d'avoir généralisé le problème de la liberté, en le posant, non seulement pour l'homme, mais pour tout ce qui est ou peut être. *A priori* il est invraisemblable que l'homme ait une faculté si considérable, dont les autres êtres seraient absolument dépourvus. Ne constituerait-il pas alors, au sein de la nature, un monde surnaturel ? La science montre de plus en plus qu'entre l'homme et les êtres inférieurs on ne saurait creuser de fossé infranchissable, mais qu'il faut accorder, dans l'échelle des êtres, la supériorité avec la continuité. Or Secrétan, par sa doctrine de la liberté, essence commune de l'être, nous fournit une conception homogène de l'univers conforme aux vues de la raison et aux inductions de la science.

Non moins remarquable est la doctrine de notre philosophe sur la solidarité. Elle aboutit à une distinction d'un intérêt capital entre la notion d'individu et la notion de personne. Trop souvent on a confondu ces deux notions, ou on ne les a distinguées que par le degré. Secrétan nous fait voir que, sans être incompatibles, elles présentent une différence de nature. L'individualité est jalouse, envahissante et despote : à la développer pour elle-même, on froisse de plus en plus les autres hommes, et l'on s'éloigne de la vraie personnalité. Pour devenir une personne, il faut au contraire prendre pour règle de ses actions l'idée de la solidarité humaine, agir, non pour soi, mais pour autrui, chercher la réalisation de sa nature dans le dévouement et le don de soi-même. Car la source de toute personnalité est en Dieu-même, et c'est en nous aimant les uns les autres que nous aimons Dieu et participons à son essence. Qu'on cesse donc de nous présenter la liberté individuelle comme la fin où nous devons tendre. Liberté individuelle est une contradiction dans les termes. C'est l'égoïsme, usurpant un nom sacré. Nul n'a le droit ni la possibilité d'être libre tout seul. Liberté et solidarité se supposent réciproquement.

Mais Secrétan n'a-t-il pas vu encore avec justesse qu'une telle maxime nous fait franchir les bornes de la morale proprement dite et nous introduit dans ce qu'on

appelle la religion ? Comment se réalisera ce sacrifice
de l'individu à la vraie personnalité, cette conciliation
de deux termes en apparence contradictoires ? En nous
l'égoïsme parle despotiquement, et c'est la chute. La
lutte pour la vie semble être pour la société la loi de
nature, et c'est le mal. Le progrès moral ne peut se faire
tout seul, mais exige l'intervention de forces morales et
demeure contingent : c'est ce que la religion appelle
grâce et rédemption. De tout temps on a fait appel à
la religion pour soulever l'individu et le faire tendre au
bien commun. La cité antique à laquelle se devaient
les citoyens, était divine. Rome s'appelait la déesse de
la terre et des nations. Pour nous-mêmes, la patrie est
un objet de foi et un objet de culte. Partout où il est
ordonné à l'homme de vivre pour le tout dont il fait
partie, d'accepter et d'aimer la fonction qu'il y exerce,
de se donner pour la communauté, il faut, pour que le
devoir soit accepté et réalisable, que ce tout soit à ses
yeux un être véritable, meilleur et plus précieux que les
individus, et il faut que l'homme trouve quelque part
la force de se dépasser et de se donner. D'où viennent
ces croyances ? D'où vient cette force ? C'est la question
à laquelle, en définitive, personne ne peut répondre, et
que Secrétan juge résolue par la religion chrétienne.
L'union avec un Dieu libre et bon, source commune de
tous les êtres, est pour lui l'âme de la foi et du dévouement. Le temps paraît loin encore où il sera possible, soit
de passer du dévouement, soit de le susciter par des
raisons tirées des faits tout seuls.

Que penser en définitive de l'œuvre de Secrétan ?

Rousseau a dit : l'homme qui médite est un animal dépravé. Le mot est dur, mais n'est pas dénuée de sens. La vie et même la science se passent de la philosophie. Ni Franklin, ni Newton lui-même ne furent de grands métaphysiciens. La nature, déjà, porte en elle-même une puissance organisatrice et réparatrice, comme disaient les Grecs ; et à se confier à elle ou à la Providence, on a chance d'éviter les grosses erreurs. La méditation, au contraire, engendre les systèmes, les vues exclusives et artificielles, et nous met en danger d'aboutir aux pires folies, comme un mathématicien parti d'un faux principe. Pourtant nous devons méditer, puisque la pensée, comme dit Pascal, est ce qui fait notre dignité. Que faut-il donc pour que notre méditation soit saine et bienfaisante ? Il faut réunir deux conditions : premièrement penser avec probité, en second lieu nous mettre constamment, par l'observation et par l'action, en contact immédiat avec le réel. Faute de satisfaire à la première condition, on n'est qu'un virtuose sans consistance. Faute de remplir la seconde, on risque de s'enfermer dans une expérience étroite, de se complaire dans une science de formules et de mots. A celui qui satisfait à l'une et à l'autre il est donné de réunir les deux éléments de la certitude, la conviction du sujet et l'universalité de l'objet. Charles Secrétan a pensé avec la probité la plus scrupuleuse que l'on puisse concevoir : la vérité lui a été littéralement sacrée. De plus en plus aussi, à mesure qu'il avançait dans la carrière, il a tout fait pour saisir le réel. Non seulement il a confronté ses doctrines avec celles des autres, mais il a observé les hommes de toutes les conditions, il est entré dans le détail de leurs souffrances et de leurs pensées, il a eu à cœur de voir, de toucher, de sentir, de vivre en quelque sorte les choses qu'il voulait connaître. Il a réalisé, autant qu'il était en lui, les conditions d'une recherche fructueuse. Peu importe que tel ou tel détail de son œuvre reste au-dessous de l'idéal qu'il avait rêvé : il est de ceux pour qui fut prononcée la grande parole : « Et vous connaîtrez la vérité, et la vérité vous affranchira ».

TABLE DES MATIÈRES

Saint-Amand (Cher). — Imprimerie R. Bussière.

www.ingramcontent.com/pod-product-compliance
Lightning Source LLC
LaVergne TN
LVHW051114060726
842525LV00003B/912